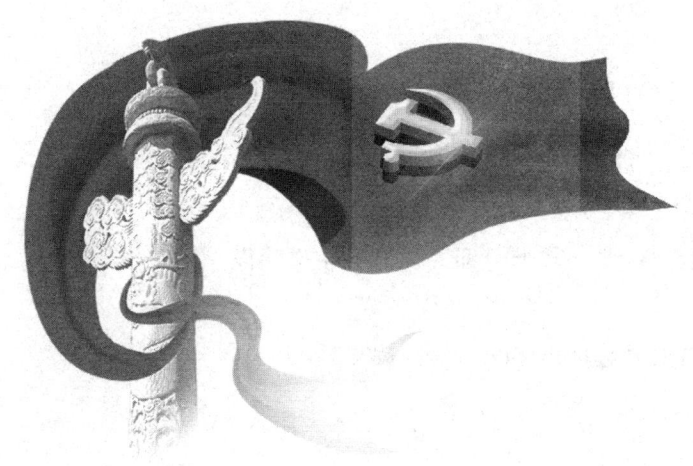

社会主义核心价值观概论

主编 贺永泉 李君才

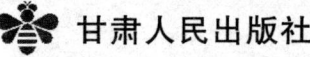

甘肃人民出版社

图书在版编目（CIP）数据

社会主义核心价值观概论 / 贺永泉，李君才主编
 ——兰州：甘肃人民出版社，2018.11（2022.1重印）
ISBN 978-7-226-05365-2

Ⅰ. ①社… Ⅱ. ①贺… ②李… Ⅲ. ①社会主义建设－价值论－研究－中国 Ⅳ. ①D616

中国版本图书馆CIP数据核字(2018)第272983号

责任编辑：肖林霞
封面设计：郇　海

社会主义核心价值观概论

贺永泉 李君才 主编

甘肃人民出版社出版发行
（730030 兰州市读者大道568号）

三河市嵩川印刷有限公司印刷

开本 787毫米×1092毫米 1/16　印张 9.25　字数 157千
2018年12月第1版　2022年1月第2次印刷
印数：3001～4000

ISBN 978-7-226-05365-2　　　　定价:32.00元

兰州市培育和践行社会主义
核心价值观系列丛书编委会

主　任　王　宏
副主任　汪永国
委　员　朱建军　南战军　倪国良
　　　　李君才　岳　斌　安希荣
　　　　贺永泉　肖兴吉

社会主义核心价值观

富强民主文明和谐
自由平等公正法治
爱国敬业诚信友善

戊戌夏林涛书

前　言

在日常生活中，价值是人们经常碰到、回避不了的问题。简单地说，所谓价值，就是指有意义的、值得我们珍惜并去追求的；所谓价值观就是指关于什么是有意义的、值得我们珍惜并去追求的根本观点，它是世界观的重要组成部分。价值观是称量、调整、校正人的思想和行为的准则，决定人们在面临或处理各种矛盾、冲突、关系时的基本立场、态度和倾向。人类的历史表明，由于社会生活、利益需求、利益群体、生活背景、看问题的多样性，决定了人类社会的价值观从来都是多元的，多元价值观需要"价值共识"作为基础，需要"核心价值观"的引领。

人类社会发展的历史表明，对一个民族、一个国家来说，最持久、最深层的力量是全社会共同认可的核心价值观。核心价值观，承载着一个民族、一个国家的精神追求，体现着一个社会评判是非曲直的价值标准。任何社会都有自己的核心价值观，这是一定的社会系统得以运转、一定的社会秩序得以维持的基本精神依托。旧社会的解体往往以核心价值观的崩溃为先声，新社会的诞生往往以核心价值观的形成为先导，社会的稳定和发展也往往以核心价值观的确立和完善为支撑。核心价值观的是否建立和完善并且深入人心是衡量一种社会形态是否成熟的重要标准。

核心价值观总是由统治阶级所倡导并由统治阶级的统治力保证其优势地位的。它往往担负着指导和评价人们行为的作用，通过引导、影响、左右更多个体的价值取向和价值选择，来达到该群体中个体思想观念的高度一致,使个体的活动能从分散趋向集中,从而保证社会价值目标较顺利地实现,更好地促进社会发展,保持社会稳定。

社会主义核心价值观是当代中国精神的集中体现,凝结着全体人民共同的价值追求。

——富强、民主、文明、和谐是建设社会主义现代化国家的价值目标。实现经济富裕、政治民主、文化繁荣、社会和谐,建设社会主义现代化国家,是近代以来中华民族的不懈追求,是我们党90多年接续奋斗的现实理想,是当代中国各族人民顺应历史潮流的理性选择。

——自由、平等、公正、法治的价值取向,基于社会主义社会的基本要求。马克思提出未来社会的标志是"每个人的自由发展是一切人的自由发展的条件"。自由是让人的创造性充分发挥和社会充满活力的前提条件;平等是社会主义社会人民的经济、政治、文化、社会权利的平等性质的凝练表达;公平正义是中国特色社会主义的内在要求;法治是社会有序运行的基本保障。

——爱国、敬业、诚信、友善的价值准则,基于社会主义公民的道德规范。开展社会主义公民道德建设,大力倡导爱国守法、明礼诚信、团结友善、勤俭自强、敬业奉献的基本道德规范,遵守以文明礼貌、助人为乐、爱护公物、保护环境、遵纪守法为主要内容的社会公德,遵守以尊老爱幼、男女平等、夫妻和睦、勤俭持家、邻里团结为主要内容的家庭美德,在此基础上进一步提炼,就形成了公民个人层面的价值准则。爱国属于公民与国家关系的基本价值准则,敬业属于公民与职业关系的基本价值准则,诚信属于公民与社会关系的基本价值准则,友善属于公民与他人关系的基本价值准则。这四者的统一,就构成了公民信奉的核心价值观,成为公民的立身之本、成事之基。

习近平总书记所作的党的十九大报告深刻阐述了社会主义核心价值观的丰富内涵和实践要求,对培育和践行社会主义核心价值观作出许多新的重大部署,充分反映了我们党在价值理念和价值实践上达到了一个新的高度。面对新时代新要求,持续深入地培育和践行社会主义核心价值观,意义重大而深远;面对新征程新任务,全面系统地对社会主义核心价值观进行学理性研究,不仅必要而且可能。本书在借鉴已有研究成果的基础上,以习近平新时代中国特色社会主义思想为指导，以党的十九大精神为统领，结合新时代的特点，立足当代中国发展实际，选择新视角，使用新材料，从社会主义核心价值观与文化自信、意识形态主导权、中国优秀传统文化、中国精神、道德建设、培育时代新人等角度，对社会主义核心价值观进行了专题研究。虽然这些思考和见解还不够成熟，有些论述还不够深入，但我们期望这些不那么成熟、不够深入却凝结着我们心血的思考和见解能对推动社会主义核心价值观建设有所借鉴和启迪。

本书由贺永泉和李君才构思形成详尽的写作提纲，然后分别由张道坤（第一章）、朱良钰（第二章）、田云鹤（第三章）、成向东（第四章）、杨旭珍（第五章）、刘银军（第六章）撰写具体章节。最后由贺永泉、李君才审稿，范宏斌统稿。

值此书出版之际，我们向出版社和责任编辑表示衷心的感谢！

由于我们水平有限，书中缺点错误在所难免，敬请各位读者批评指正。

本书编写组

2018 年 6 月 18 日

目录 CONTENTS

第一章 社会主义核心价值观与文化自信 /001
　第一节 社会主义核心价值观是文化自信之魂 /002
　　一、文化自信从根本上来说是价值观自信 /002
　　二、坚定文化自信必先增强价值观自信 /003
　　三、核心价值观引领中华民族伟大复兴 /005
　第二节 社会主义核心价值观是文化自信之源 /006
　　一、核心价值观是对中国传统文化精髓的充分汲取 /006
　　二、社会主义核心价值观是对红色革命文化精神的弘扬光大 /009
　　三、社会主义核心价值观是对社会主义先进文化的有力彰显 /011
　第三节 在积极培育和践行核心价值观中坚定文化自信 /014
　　一、切实增强价值观自信 /014
　　二、夯实文化自信的根基 /015
　　三、大力推进文化创新 /017
　　四、提高文化对外传播能力 /019

第二章 社会主义核心价值观与中国优秀传统文化 /022
　第一节 社会主义核心价值观国家层面的传统文化底蕴 /023
　　一、富强:"治国之道,必先富民" /023
　　二、民主:"民惟邦本,本固邦宁" /025
　　三、文明:"见龙在田,天下文明" /026
　　四、和谐:"不偏不易,中正和合" /028
　第二节 社会主义核心价值观社会层面的传统文化底蕴 /030
　　一、自由:"为仁由己,百家争鸣" /030
　　二、平等:"列德尚同,爱无等差" /031

三、公正:"不殊贵贱,一断于公"/033
　　四、法治:"礼法共治,德刑合一"/035
第三节　社会主义核心价值观个人层面的传统文化底蕴/037
　　一、爱国:"宅兹中国,心系天下"/037
　　二、敬业:"敬业乐群,惟精惟一"/038
　　三、诚信:"诚者天道,言信行果"/040
　　四、友善:"上善若水,仁者爱人"/041

第三章　社会主义核心价值观与意识形态建设/044
第一节　培育和弘扬社会主义核心价值观,推进马克思主义中国化、时代化、大众化/044
　　一、培育和弘扬社会主义核心价值观,推进马克思主义中国化/044
　　二、培育和弘扬社会主义核心价值观,推进马克思主义时代化/048
　　三、培育和践行社会主义核心价值观,推进马克思主义大众化/050
第二节　培育和践行社会主义核心价值观,推进习近平新时代中国特色社会主义思想深入人心/054
　　一、新时代中国特色社会主义思想的重大意义/054
　　二、新时代中国特色社会主义思想是培育和践行社会主义核心价值观的根本遵循/055
　　三、新时代中国特色社会主义思想是培育和践行社会主义核心价值观的首要任务/057
第三节　培育和践行社会主义核心价值观,牢牢把握社会主义意识形态领导权、管理权、话语权/059
　　一、深刻认识社会主义意识形态领导权、管理权、话语权的极端重要性/059
　　二、新的时代背景下意识形态领导权建设面临新的挑战/060
　　三、牢牢把握社会主义意识形态领导权、管理权、话语权/061

第四章　社会主义核心价值观与当代中国精神/065
第一节　社会主义核心价值观是当代中国精神的集中体现/065
　　一、中国精神的基本内涵/066
　　二、社会主义核心价值观的指导是实现中国精神的根本保障/072
　　三、中国精神是社会主义核心价值观的精神命脉/074
第二节　以社会主义核心价值观滋养民族精神/076

一、民族精神是实现个人价值的基本保证/076
二、民族精神是提升国家软实力的内在动力/077
三、民族精神是中华民族团结统一的力量之源/080
第三节 以社会主义核心价值观引领时代精神/081
一、时代精神在培育与弘扬社会主义核心价值观中具有重要作用/082
二、以改革创新为核心的时代精神的价值趋向/083
三、以社会主义核心价值观引领时代精神/085

第五章 社会主义核心价值观与道德建设/089
第一节 以社会主义核心价值观引领社会公德/091
一、社会公德/091
二、文明礼貌/092
三、助人为乐/092
四、爱护公物/03
五、保护环境/093
第二节 以社会主义核心价值观支撑职业道德/094
一、爱岗敬业/094
二、忠于职守/095
三、诚实守信/096
四、办事公道/097
五、奉献社会/097
第三节 以社会主义核心价值观升华家庭美德/098
一、尊老爱幼/099
二、男女平等/100
三、夫妻和睦/101
四、勤俭持家/102
五、邻里团结/103
第四节 以社会主义核心价值观涵养个人品德/104
一、包容谦和/104
二、求真向善/105
三、自尊自强/105
四、平和理性/105
五、慎独慎微/105
六、个人品德建设要与其他道德建设相结合/107

第六章 社会主义核心价值观与培养时代新人/110

第一节 重视培养人是我们党的光荣传统/110

　　一、革命战争年代,培养抗战救国的干部/111

　　二、新中国成立后,培养革命化专业化的社会主义建设者/112

　　三、进入改革开放新时期,培养四有公民/113

　　四、进入新时代,我们党提出培养担当民族复兴大任的时代新人/114

第二节 培养时代新人是社会主义核心价值观建设的根本问题/115

　　一、社会主义核心价值观建设就是要造就社会主义建设者和接班人/115

　　二、造就建设者和接班人要以时代责任和历史使命为基础/117

　　三、"培养担当民族复兴大任"的时代新人是社会主义核心价值观建设的重要遵循/119

第三节 培育和践行社会主义核心价值观 培养时代新人/121

　　一、培养时代新人,以立德树人为总原则/121

　　二、培养时代新人,加强国民教育/125

　　三、培养时代新人,加强精神文明创建活动/126

第一章　社会主义核心价值观与文化自信

习近平总书记指出："坚定文化自信，是事关国运兴衰、事关文化安全、事关民族精神独立性的大问题。"①文化自信在当代中国之所以成为一个大问题，既是基于近代中国人民在民族苦难和奋斗中民族自强和文化自觉的展示，又是当代中国面临的民族伟大复兴对文化自信和文化自觉的迫切需要；既是对全体中国人树立文化自强自信心的鼓舞，又是对当代一切否定中华民族文化的有力回击，更是百多年由于受侵略受压迫造成的某些人中残存的民族自卑心理的一味解药。现在国内国外、网上网下都有些言论，贬低中华文化，否定中华民族的历史贡献，否定近代以来中国人民的奋斗史、歪曲中国共产党的历史、中华人民共和国历史，歪曲改革开放历史。如此种种文化不自信的行为如果任其发展下去，必将造成极其严重的后果。党的十九大报告把文化自信提高到前所未有的高度，旗帜鲜明地指出："没有高度的文化自信，没有文化的繁荣兴盛，就没有中华民族的伟大复兴。"②这些深刻论述和重大判断，充分反映了我们党对文化自信的清醒认识，彰显了我们党繁荣中国特色社会主义文化的历史担当和坚定决心，深刻说明了坚定文化自信，推动中国特色社会主义文化繁荣发展，建设社会主义文化强国的重要性和紧迫性。那么，科学把握培育和践行社会主义核心价值观与坚定文化自信之间的逻辑关系，清醒认识培育和践行社会主义核心价值观，坚定文化自信的正确路径，对于凝聚社会共识，增强文化认同有着十分重要的现实意义。

---

① 《习近平谈治国理政》第二卷. 外文出版社, 2017年, 第349页。
② 《党的十九大报告辅导读本》, 人民出版社. 2017年, 第40页。

第一节　社会主义核心价值观是文化自信之魂

文化自信是一个国家,一个民族,一个政党,对自身文化价值的充分肯定和积极践行,并对它的生命力持有坚定的信心。党的十九大报告强调指出:"文化自信是一个国家、一个民族发展中更基本、更深沉、更持久的力量。"[①]文化自信为道路自信、理论自信和制度自信提供精神动力和精神支撑,并体现在道路自信、理论自信和制度自信之中。文化自信有着多方面的构成与表现。对自我文化发展历史与现实的理性认知,对已有文化成就的礼敬与自豪,对当下文化发展道路的清晰与自觉,对未来文化前景的希望与信心,这些都是构成文化自信的重要维度和关键因素。而在文化自信系统构成中更具核心意义,对文化自信的诸多构成维度、因素具有统摄作用、灵魂作用的,则是社会主义核心价值观。

一、文化自信从根本上来说是价值观自信

文化具有丰富多样的表现形态和形式。有精神形态(如观念等)的文化,有实物形态(如器物等),以及实践形态(如生活方式、精神生产、文化产业等)。剥开文化纷繁复杂的外壳,深藏其内并持久发生重要作用的是价值观。

价值观反映一定社会主体的利益和需求,并渗透在文化的各种形态中,价值观作为文化影响力的最重要构成因素,强烈影响着社会和人的行为。马克思曾经把哲学视为"文化的灵魂"。作为世界观和方法论的哲学观念不仅蕴含着智慧,而且承载了人们对人生、社会乃至整个世界的意义的认识或价值判断。虽然不能把所有文化都归结为价值观念,但文化中的价值观念对于人的发展和社会进步的特殊重要性越来越被人们所认同,以至于人们在谈论传统文化、文化影响力或文化软实力时,主要是指特定的价值观念。例如,中国古代的孔孟老庄的学说之所以今天仍然为人们所津津乐道,其中重要的原因在于这些中国先哲的思想表达了深邃的人伦价值、生活意义、社会理想,这些传统文化蕴含的价值观念散发着恒久的魅力。"文明冲突论"的提出者塞缪

[①]《党的十九大报告辅导读本》.人民出版社,2017年,第22页。

尔·亨廷顿指出：虽然文化有多重含义，但是"文化若是无所不包，就什么也说明不了，因此，我们是从纯主观的角度界定文化的含义，指一个社会中的价值观、态度、信念、取向以及人们普遍持有的见解。"[①]"软实力"概念的提出者约瑟夫·奈把国家政治价值理念视为国家最重要的软实力，他的观点得到普遍认同。

价值观体现民族和时代的特点，并成为不同民族文化和不同时代文化的最重要标志性特征。一定社会文化蕴含的价值观往往反映不同民族的诉求，受制于特定的时代、制度和实践。封建社会的小农经济或自然经济限制了人们的眼界和活动范围，封建社会的血缘制度、等级制度、宗法关系、人身依附关系决定了封建文化的社会性质，形成了"三纲五常""君君、臣臣、父父、子子"等价值理念。在中国传统文化中，也出现过重视人际和谐、尊重自然等价值观念，至今为人们所重视。资本主义社会条件下的机器大生产和市场经济消除了等级制和人身依附关系，既催生了"自由、平等、博爱"的理念，也培育了拜金主义、个人主义和自由主义等价值观念。在资本主义发展的一定历史阶段，也还出现过维科在《新科学》中表达的崇尚科学和历史进步的观念，出现过韦伯在《新教伦理与资本主义精神》中强调的"节俭""勤劳"等具有较大影响的伦理价值观。这些价值观都带有民族和时代的印记。

当代中国的社会主义核心价值观念是在中国特色社会主义实践基础上产生的。历史唯物主义认为，包括文化在内的一切社会生活本质上是实践的。中国特色社会主义实践构成中国文化发展的基础和动力。在改革开放的进程中，在向现代化目标迈进的过程中，伴随由农业社会向工业社会转变、由计划经济体制向市场经济体制转变的社会转型期，适应社会主义初级阶段的基本国情，中国特色社会主义核心价值观也应运而生。当代中国价值观表达了国家、社会和公民的基本价值目标、价值取向和价值标准：实现国家的富强、民主、文明、和谐，促进社会的自由、平等、公正、法治，提倡公民的爱国、敬业、诚信、友善，已经成为社会共识。

二、坚定文化自信必先增强价值观自信

社会主义核心价值观是文化自信的内核和灵魂，它凝聚着人们的精神信仰和内在力量。新时代我们只有切实增强价值观自信，才能更加坚定文化自信，气定神闲地进行伟大斗争，建设伟大工程，推进伟大事业，实现伟大梦想。

---

① 塞缪尔·亨廷顿：《文化的重要作用》，新华出版社，2010，第9页。

增强价值观自信是实现中华民族伟大复兴中国梦的必然要求。一定社会居于核心和主导地位的价值观能够不断激发起人们的激情、渴望与梦想，通过不断增强自觉自信，实现最大多数人对国家、对民族的普遍认同，并自愿践行。中华民族伟大复兴的中国梦，凝聚了几代中国人的夙愿，体现了中华民族和中国人民的整体利益，是每一个中华儿女的共同期盼和梦想。实现中国梦是一项光荣而艰巨的事业，需要一代又一代中国人共同为之努力。千百年来，伟大的中华民族形成了自己对历史和世界的独特的思维模式和价值观念，如天人合一、厚德载物、以人为本等等，成为中华民族赖以生存和发展的精神内核，是中华民族宝贵的精神财富，也必然是实现中华民族伟大复兴的强大精神力量。今天，只有将这种无穷的精神力量融入现代化进程，并有效实现其现代性转化，才会不断增强中华民族的自豪，不断强化文化自觉，不断凝聚思想共识，形成推动中国梦实现的现实力量。

增强价值观自信是提高国家文化软实力的现实需要。当今世界，文化软实力已日益成为衡量一个国家整体综合实力和国际竞争力的重要标识。提高国家文化软实力，关系到中国"两个一百年"奋斗目标和中华民族伟大复兴中国梦的实现。价值观是文化软实力的核心内容，是文化软实力建设的价值支撑和精神资源。它决定着一种文化的性格和气质、吸引力与感召力，是中国文化走向世界的价值支撑。从逻辑上讲，价值观自信是实现文化自信的重要前提，文化自信又是实现文化自觉、文化自强的重要基础。是否具有强大生命力的价值观，已经成为一个国家掌控文化话语权的实力所在。因此，为加快推进我国的文化软实力建设，创造新的文化辉煌，建设社会主义文化强国，必须切实增强价值观自信。

增强价值观自信是提升中国共产党执政理念的内在必然。90多年来，中国共产党带领各族人民历经艰难险阻，不断开拓创新，取得了辉煌成就。但随着执政时间越长，精神懈怠的危险，能力不足的危险，脱离群众的危险，消极腐败的危险，更加尖锐地摆在全党面前。解决"怎样执政"、"如何执政"的根本问题，已成为关系到中国共产党执政前途命运的重大课题。价值观自信是坚定理想信念的精神钙片，增加价值观自信，体现了我们党执政理念的升华。必须充分认识培育和弘扬社会主义核心价值观的重要性，分别从国家层面、社会层面、个人层面入手，不断增强价值观自信，不断强化中国共产党执政理念的核心价值取向，增强执政勇气与智慧，不断推进国家治理体系和治理能力的现代化。

增强价值观自信是防止西方价值观渗透的迫切需要。当今，新时期霸权主义和强权政治有新的表现,西方敌对势力利用价值观渗透,加紧对我国实行"西化"、"分化"的意图,而一些价值观念也正在潜移默化地影响着人们的思想和行动,意识形态面临的挑战前所未有。为了避免误入西方"普世价值"的陷阱与圈套,避免出现自身价值虚无或方向迷失,增强价值观自信就成为摆在我们面前的重要而紧迫的现实任务。

三、核心价值观引领中华民族伟大复兴

民族复兴是一百多年来一代又一代中国人的伟大梦想。党的十九大报告明确了在20世纪中叶实现中华民族的复兴,建成中国特色社会主义强国。宏伟的蓝图,令人向往,远大的目标,令人振奋,但同时也感到任重而道远。行百里者半九十,在中华民族攀登民族复兴和世界强国顶峰的艰苦征程中,更需要一个强大的灵魂,凝聚起克服任何艰难险阻的磅礴力量。

核心价值观以其特有的导向功能,通过人的意识自觉,实现全党全社会实践的基本遵循。国家层面的"富强、民主、文明、和谐"是人类社会共同的价值理想,体现着人类社会发展的全面性和进步性;社会层面的"自由、平等、公正、法治",是人类文明发展的优秀成果和共同结晶,体现了我国社会主义社会理想的价值取向;个人层面的"爱国、敬业、诚信、友善",是中华民族优良道德的传承,是社会主义道德的基本要求,也是公民道德的价值准则。这三个层面的价值理念,反映了递进和升华的关系,凸显了现实与理想的联系,形成了立足当前与着眼未来的联系,为积极培育和践行社会主义核心价值观提供了基本范畴,推动着社会主义核心价值体系建设更加广泛地走向社会生活的实践层面,成为全党和全国人民凝魂聚气的思想导航。

这种思想导航,让人们进退有据,知晓国家坚持什么,允许什么,提倡什么,反对什么,什么是值得肯定和赞扬的,什么是必须反对和否定的;这种思想导航,激浊扬清,抑恶扬善,弘扬主旋律、唱响好声音、激发正能量;这种思想导航,在实践中又演化为精神纽带,使得全党全国人民不仅是奋斗目标一致的利益共同体,也是理想信念一致的命运共同体、精神追求一致的价值共同体,由此凝聚成共同信念。在共同信念的指引下,坚持中国道路、弘扬中国精神、凝聚中国力量。

核心价值观与中国梦共同筑起民族复兴的强大精神力量。中华民族伟大复兴的中国梦是以习近平同志为核心的党中央提出的重大战略思想,是党和国家未来发展的政治宣言,是全党全国各族人民共同的奋斗目标,是团结凝聚海内外中华儿女的一面精神旗帜,是当代中国人民共同理想和价值追求的形象表达。核心价值观以其建构性功能,引导我们走中国道路、弘扬中国精

神、凝聚中国力量,有了这种精神和力量,什么困难都能克服。在全社会大力倡行社会主义核心价值观,引导人们自觉追求和实践中国梦所蕴含的价值理想,就能不断增强人们的道路自信、理论自信、制度自信,最根本的,增强文化自信,激发开拓创新、奋发进取的精神力量。正是这种力量,引领全党和全国人民思想上同心同德、目标上同心同向、行动上同心同行,共同谱写中华民族伟大复兴的壮丽诗篇。

第二节 社会主义核心价值观是文化自信之源

核心价值观是一个民族、国家精神追求的载体,是一个社会评判是非曲直的价值标准,一种决定其文化特质的规定性和方向性的核心要素,是文化的精髓与灵魂。习近平总书记指出:"在5000多年文明发展中孕育的中华优秀传统文化,党和人民伟大斗争中孕育的革命文化和社会主义先进文化,积淀着中华民族最深层的精神追求,代表着中华民族独特的精神标识。"[1]社会主义核心价值观通过创造性转化与创新性发展,实现了对中华优秀传统文化、革命文化、社会主义先进文化的传承、弘扬和彰显,蕴含着中华文化独特的精神内核与精神标识,是当代中国文化自信之源。

一、核心价值观是对中国传统文化精髓的充分汲取

社会主义核心价值观充满自信的底气来自于哪里?那就是在5000年悠久历史中孕育的博大精深的中华优秀传统文化。社会主义核心价值观与中华优秀传统文化具有一脉相承的关系,它植根于中华文明的广袤土地上,传承我国五千多年历史的优秀传统文化。如果说中华文明是悠长的大河,它的源头活水就是中华优秀传统文化。离开中华优秀传统文化,就无法成就社会主义核心价值观。但是,我们如何正确对待中华传统文化出现的文化自负、文化自卑等一些错误思想态度,培育和践行社会主义核心价值观,有利于破除这种错误思想态度,使人们更加准确把握和理性认识中华传统文化,为坚定文化自信提供源头活水。

---

[1] 2016年7月1日,习近平总书记在庆祝中国共产党成立95周年大会上的讲话。

首先,核心价值观是对中华优秀传统文化价值理念的扬弃。习近平总书记强调:"中华文化源远流长,博大精深,积淀着中华民族最深层的精神追求,代表着中华民族独特的精神标识,为中华民族生生不息、发展壮大提供了丰厚滋养。"①中华文化源远流长,优秀传统文化是中华民族五千年文明的精华,中华文明永恒的价值特征和精神品格超越时空,超越时代局限,是社会主义核心价值观的精神沃土和思想源泉,它奠定了社会主义核心价值观的思想基础,是社会主义核心价值观自信的重要源泉。

一是社会主义核心价值观吸收了中华优秀传统文化的思想精髓。中国哲学,可以说是中华传统文化的思想精髓,在整个文化系统中具有举足轻重的地位,对整个系统的发展起着主导作用,它凝聚了中华传统文化的基本精神,是中华民族延续数千年文明发展的结晶,是中国人安身立命之根据,是中华民族核心价值观之所在,是中华文化自信要义之所在。社会主义核心价值观是对中国哲学体系中理论精髓的合理吸收、凝练提升。中国哲学体系中的天人合一、以人为本、贵和尚中、刚健有为等思想是中华文化的思想精髓;社会主义核心价值观中的富强、民主、文明、和谐等就是吸收了这些精髓,是在继承基础上的价值升华。

二是社会主义核心价值观传承了中华优秀传统文化的价值追求。泛爱亲仁的群己理念、树德立人的人格理想、礼乐成人的臻善至美、天下为公的社会理想、礼法合治的制度建设等等,蕴含着自由、平等、公正、法治等价值内核。"老吾老以及人之老,幼吾幼以及人之幼"(《孟子·梁惠王上》);"亲亲而仁民",以家庭的血缘亲情为出发点,推而广之,至"泛爱众";以家庭为基础,构建家国一体秩序体系,实现和谐统一,追求整个群体的"平等";"大道之行也,下为公,贤与能,信修睦"(《礼记·礼运》),等等,这些与社会主义核心价值观的"民主""公正"高度契合。从这里我们看到,中国古代同样存在追求人自由发展的思想。这种自由发展主张通过道德修养来成就自身人格的健全,通过道德的完善来实现塑造完美的人,达到如孔子所云:"随心所欲不逾矩"的自由境界。中华传统文化中"礼法合治、德主刑辅"的治国思想与现代的法治理念有着相同的基点和内在精神,对于新时代全面推进依法治国具有重要的借鉴意义。

三是社会主义核心价值观融合了中华优秀传统文化的优秀基因。伦理道德是中华传统文化的精华,中华传统美德又是其精髓。中华传统的伦理道德

---

① 2014年,习近平总书记在中共中央政治局第十三次集体学习时的讲话。

形成了丰富多样的个人伦理、家庭伦理、社会伦理、国家伦理,甚至于宇宙伦理。中华传统文化德目谱系讲求"六德"(知、仁、圣、义、中、和)、"六行"(孝、友、睦、姻、任、恤)、"四维"(礼、义、廉、耻)、"八德"(忠、孝、仁、爱、信、义、和、平)。中国古代通过教化,这些德目谱系成为人们日常道德行为的规范,某种程度上来讲,可以被称为古代中国的核心价值。社会主义核心价值观继承了中国传统文化价值观中个人、社会、国家三位一体的价值观念体系,汲取了中国传统伦理道德中的合理成分,以从个人、家庭、社会、国家伦理等方面来加以解读和阐释。爱国、敬业、诚信、友善等价值理念就是对中华传统文化基因的传承。通过对中华传统文化价值理念的批判性继承,古为今用,社会主义核心价值观更加与现代社会发展相适应,更加具有生机活力。中华民族文化自信更加具有历史的厚度,从而在根本上决定了中华文化的本质属性和发展方向。

其次,社会主义核心价值观有助于人民正确看待中国传统文化。自中国近现代以来,对于如何正确对待中华传统文化,一直以来都存在两种截然相反的认识态度:文化自负与文化自卑。要么对于传统文化盲目自信,出现文化自大、自负的错误心理,对外来文化一律排斥;要么就是对自己的文化妄自菲薄,甚至出现文化虚无主义,对传统文化采取完全否定的态度。这两种矛盾的错误倾向,对于中国特色社会主义文化建设带来极大的消极影响。文化自负容易导致人们在文化上自我满足,自我陶醉,坚持文化复古主义,最终走向故步自封、因循守旧的道路。在当今世界文化广泛交流、交融的情况下,不能正确、积极对待外来文化,一味采取排斥、抗拒、对立的态度,势必影响我国文化的进步与发展,丧失吸收借鉴世界文明成果的良好机遇,失去了本应获得社会经济、政治、文化发展和复兴的机会。而与文化自负相反,文化自卑和文化虚无主义又走向了另一个极端,表现出一种对传统文化的彻底否定,认为我们的传统文化与西方现代文化相比较,是落后的、愚昧的、一无是处,导致全盘西化、去中国化盛行,这样的危害是巨大的。抛弃传统、丢掉根本,等于割断了自己的精神命脉,丧失了民族精神独立性。

以习近平同志为核心的党中央提出的社会主义核心价值观,是对中华传统文化的扬弃,适应了时代对文化发展的客观要求,克服了前面两种矛盾的错误文化心理。社会主义核心价值观的提取凝练,以更加理性的态度正确认识和对待传统文化,对中华传统文化精髓进行充分汲取,广泛吸收合理的价值养分,对之进行创造性转化和创新性发展,更加适应中国特色社会主义发展,是对中华传统文化的充分肯定和认同,是文化自信的集中体现。

二、社会主义核心价值观是对红色革命文化精神的弘扬光大

习近平总书记指出:"中国共产党人始终是中国优秀传统文化的忠实继承者和弘扬者,从孔夫子到孙中山,我们都注意汲取其中积极的养分。"①中国共产党作为中国特色社会主义事业的执政者和领导者,一直以来就注重从源远流长、博大精深的中华文化中去汲取治国理政的力量。建党之初,我们党就特别重视中华优秀传统文化的传承与弘扬,积极推动中国先进文化的发展与创造,不仅是中华优秀传统文化忠实的传承者、弘扬者,更是中国先进文化积极的倡导者、发展者。我们党领导各族人民在革命实践中,立足于中国独特的革命实践,结合革命的现实需要,创造了鲜明独特、奋发向上的革命文化,赋予中华文化革命价值意蕴,是一次富有成效的文化再造,丰富了中华文化的时代内涵和价值,是社会主义核心价值观实践自信的历史基础。

首先,社会主义核心价值观是对革命文化精神的传承与发扬。革命文化是中国共产党领导中国人民在伟大革命征程中形成的,是我们党面对任何艰难险阻仍然能够砥砺前进、不断夺取胜利的强大精神支柱和宝贵精神财富,是中国精神、中国气派、中国风格的集中展示和彰显,是社会主义核心价值观自信的重要源泉。

一是社会主义核心价值观是对革命理想信念的坚持。革命文化是党领导人民在追寻中华民族伟大复兴的进程中孕育出来的,所蕴含的丰富价值内核与社会主义核心价值观的本质内涵是一脉相承的,是继承和创新的统一,是寻求实现民族独立、国家富强、社会民主和人民幸福的价值表达。实现共产主义伟大理想,是中国共产党人孜孜不懈的奋斗目标。社会主义核心价值观所追求的价值目标是共产主义崇高理想的具体表现,两者在内容上相互联系、相互依赖、相互渗透,体现了最高理想和现实理想的统一,共同对社会主义伟大实践起着引领作用。培育和践行社会主义核心价值观,要立足于现实,着眼于最高理想这一终极价值目标的实现,从而增强社会主义意识形态的吸引力和凝聚力,为实现中华民族伟大复兴的中国梦,最终实现共产主义,提供强有力的思想保证和精神支撑。

二是社会主义核心价值观是对革命优良传统的弘扬。革命优良传统是我们党在革命战争年代以及社会主义建设的实践中逐渐形成,是以毛泽东为代表的中国共产党人,把马克思主义的基本原理与中国革命和建设实际相结合

---

① 2014年,习近平总书记在纪念孔子诞辰2565周年国际学术研讨会暨国际儒学联合会第五届会员大会开幕会上的讲话。

的产物。习近平同志特别强调:"我们党是一个具有长期奋斗历史和优良革命传统的党,是一个紧跟时代步伐、善于与时俱进的党。党的建设必须坚持继承和创新相结合,结合时代条件发扬党的光荣传统和优良作风。"社会主义核心价值观就是在当下中国,结合时代的特点,对革命优良传统的继承和创新。中国共产党人始终都抱有强烈的爱国主义情怀,心系国家安危,情牵黎民百姓。毛泽东送爱子上前线,陈毅在示儿诗中所写的"祖国如有难,汝应作前锋",都体现了这种高贵精神品格,体现了"爱国"的核心理念;"全心全意为人民服务"的共产党人的根本宗旨,密切联系群众的优良作风,既是"民本"思想的体现,又是社会主义核心价值观的实践要求和根本方法;艰苦奋斗、自力更生、实事求是等道德品格,体现了高尚的人格追求,是共产党人对"敬业""诚信"等价值理念的诠释。革命优良传统作为中国精神的重要组成部分,内涵丰厚,博大精深,通过社会主义核心价值观的传承和弘扬,树立起新的时代精神丰碑,必将在新的历史背景下绽放出更加绚烂的光彩。

三是社会主义核心价值观是对革命精神品格的秉承。毛泽东同志曾经说过:"人总是要有点精神的",作为一个民族更需要一种精神,这就是民族精神。中华民族历经五千多年的共同发展,形成了以爱国主义为核心,团结统一、爱好和平、勤劳勇敢、自强不息的伟大民族精神。中华民族精神是中华民族之魂,中华文化之根,蕴含着中华民族共同的信仰和追求,延续着中华文化的精神血脉,昭示着中华文化的品格特性。中国共产党人带领中国人民在为实现中华民族伟大复兴、实现共产主义伟大理想的奋斗历程中,创造了革命文化,中国共产党人以其特有的精神品格诠释中华民族精神,传承和弘扬着民族精神的价值信仰、精神追求、爱国情怀,社会主义核心价值观是中华文化的精髓和灵魂,与革命文化中的精神价值在本质上具有一致性,是对革命文化中蕴含的价值信仰、精神追求、爱国情怀的秉承。中华民族精神在中国共产党的继承、弘扬和培育下,中国革命的实践相结合,形成了井冈山精神、长征精神、延安精神、西柏坡精神等革命精神品格,这些精神与社会主义核心价值观的价值理念在内涵上是相通的,目标指向上是一致的。由此,我们说社会主义核心价值观是对革命文化精神血脉的传承、对中华文化精神品格的秉承。

其次,社会主义核心价值观是破除不良文化心理的有效手段。革命文化是我们党领导各族人民在进行革命的历史实践中,创造的具有丰富内涵、富有时代特征的先进文化,是中华民族精神财富的瑰宝。革命文化的创造与发展,充分体现了中华文化再生再造能力的强大,奠定了中国特色社会主义文化建设的坚实基础。无论是井冈山精神、长征精神,还是延安精神、西柏坡精神,这些都是我们赖以奋斗前行的精神动力。革命文化,是对中华传统文化优秀基因的凝练升华,是中国共产党、中国人民伟大创造精神和创新能力的生动体现,是中华民族文化自信的历史注脚。现在,中国社会依然有一种不好的社会思潮,以重新评价历史为名,特别是针对我们党的革命历史,进行所谓的重新评价,搞历史虚无主义。历史虚无主义的目的,就是打着"反思历史""还原历史"的幌子,通过重新解读历史、解构历史,否定马克思主义的指导地位,否定中国特色社会主义发展的历史必然性,进而否定中国共产党执政的合法性。这种思潮的一个突出表现,就是诋毁和否定革命文化,诋毁和否定中国共产党所领导的中国人民争取民族独立、争取人民解放的革命实践,诋毁和否定中国特色社会主义革命道路,进而动摇社会主义和共产主义伟大理想,动摇中国特色社会主义发展道路。比如这些年出现和曝光的"革命告别"论、消解红色经典、丑化和妖魔化英雄人物、谩骂和贬损革命领袖等等,如果任其发展,危害巨大,值得我们警醒。"灭人之国,先去其史",这些人用中共党史、中国革命史、新中国历史来做文章,极尽攻击、丑化、污蔑之能事,根本目的就是要搞乱人心。由此可见,历史虚无主义否定革命文化,最终的目的就是通过动摇我们的文化自信,从而动摇我们的道路自信、理论自信和制度自信。历史虚无主义,是对历史的歪曲,更是对文化的亵渎。历史是不容亵渎的,也是亵渎不了的,中国共产党领导中国人民进行的伟大革命实践,不是某些人的否认就能够抹杀的。历史就是历史,也无法更改,无法抹黑。践行和培育社会主义核心价值观,是要增强对革命文化的自信,树立正确的价值导向,坚持正确的价值判断和价值选择,批判历史虚无主义的错误思潮,正本清源,弘扬和光大革命文化的有力武器。我们通过培育和践行社会主义核心价值观,我们党所秉承的价值信仰、精神追求、爱国情怀就能传承下去、弘扬下去,就能把中国共产党人的优良传统、崇高品格、精神风貌发扬光大。革命文化以及革命文化所孕育的革命精神,无论现在还是将来,都是激励我们不懈奋斗的强大精神力量。我们要充分利用好党领导人民创造的丰富革命文化资源,传承革命精神,以社会主义核心价值观的培育和践行把革命传统、精神、品格深深融入人们的精神世界,不断汇聚新的精神力量。

三、社会主义核心价值观是对社会主义先进文化的有力彰显

党的十九大报告指出,全面建成小康社会,实现中华民族伟大复兴的中国梦,必须推动社会主义文化繁荣兴盛。在当代中国,我们的文化建设,就是建设和发展先进文化,推动中国特色社会主义文化大发展大繁荣。那什么是社会主义先进文化?社会主义核心价值观与先进文化又是什么样的关系呢?

社会主义先进文化是以马克思主义为指导,培育有理想、有道德、有文化、有纪律的社会主义公民为目标,面向现代化、面向世界、面向未来的民族的科学的大众的文化。它植根于优秀传统文化,直接继承"红船精神"开辟的革命文化,又是基于中国社会主义建设实践的新的文化。如果说,社会主义社会是人类社会发展的规律,是预示着人类发展的总方向,那社会主义文化就是一种更具先进性的文化,具有人类文化发展方向的导向性的文化。社会主义核心价值观立足传统,照应现实,面向未来,是对世界文明成果的扬弃,是社会主义先进文化的灵魂,是内容与形式的统一,对于社会主义先进文化起着引领方向、提供动力、整合意识的能效,是社会主义先进文化的有力彰显。如果有人问,文化自信让我们信什么?那么,其中之一就是社会主义文化的先进性。

首先,社会主义核心价值观决定了社会主义先进文化的本质属性。社会主义核心价值观既是世界共产主义运动价值追求的集中反映,也是中华文化优良传统、人类文明进步成果的具体体现,具有当代中国发展的时代性,是全社会价值诉求的集中表达,是当前中国社会形成的最大价值共识。社会主义核心价值观是社会主义先进文化的精髓,是文化自信的核心要素,是兴国之魂,决定着中国特色社会主义的发展方向,代表着时代进步潮流,代表着历史发展要求,在多样文化观念、多种社会思潮和多元价值理念中居于主导地位。

一是社会主义核心价值观是保持文化自觉的前提。文化自觉,就是一个民族、一个政党对本国、本民族文化在历史发展和进步中处于一个什么样的地位,有着深刻清醒的认识,能够正确把握文化发展规律,能够主动担当起发展文化的历史责任。社会主义核心价值观在推动文化建设中实现着社会主义先进文化的"三个"自觉:自觉为认识社会主义先进文化重要作用和地位提供新的视角,自觉把握社会主义先进文化发展的规律,自觉担当社会主义先进文化建设的历史责任。

二是社会主义核心价值观是实现文化自强的保障。文化自觉和文化自信的终极目的,根结底还是要实现文化自强。文化自强,就是立足实际,依靠自身的力量,坚持走自己的道路,通过文化创新,建设健康向上、民族的科学的大众的中国特色社会主义文化,提升我国文化软实力,推动掌握世界文明交流的主动权和话语权,使我们的文化更具吸引力、影响力、创造力和竞争力,实现中华民族文化的伟大复兴,以文化强国的姿态,屹立于世界民族之林。社会主义核心价值观之所以是社会主义先进文化实现自强的保障,是因为它为社会主义先进文化塑造了自强之魂、指明了自强之路、找准了自强之本、激活了自强之源。社会主义核心价值观能够成为社会主义先进文化的核心内容,在于它深刻回答了建设什么样的国家，建设什么样的社会主义，培育什么样的公民，明确了要依靠广大人民群众，通过改革创新，推动文化事业的科学发展，最终实现中华民族文化的伟大复兴。

其次，社会主义核心价值观是应对多元文化挑战的有力武器。在当今经济全球化、文化多元化的形势下，文明的冲突、文化的碰撞、意识形态的对抗、价值理念的竞争此起彼伏，社会主义先进文化的繁荣发展面临诸多挑战，实现中华民族文化的历史性伟大复兴任重道远。如何解决本土文化与外来文化的融合，化解东西方意识形态领域的对抗，成为当前文化建设必须要面对的问题。面对错综复杂的新形势，面临瞬息万变的新情况，如何应对外来文化的挑战，如何激发内在的价值自省，如何实现社会主义先进文化的自强呢？这是摆在中国共产党和中华民族面前回避不了并且必须要积极应对的重要问题。社会主义核心价值观成了必然选择。随着世界文明交流、交融的日益深入，世界文化的交流与合作日益频繁，某些国内外敌对势力，借着文化开放的名义，在思想文化方面不断加强对我国的渗透，试图把我国纳入资本主义的价值体系，于是出现"全盘西化"和"去中国化"的错误倾向，别是在意识形态领域，某些人鼓吹西方所谓"普世价值"，试图取代社会主义核心价值，以此来摧毁国人的文化自信，从而实现摧毁我们国家的民族自信。培育和践行社会主义核心价值观，以实际行动给予"全盘西化""去中国化"的倡导者、"普世价值"的鼓吹者迎头痛击。社会主义核心价值观是迄今为止，人类历史发展演进中最高层级的价值观，不仅借鉴、汲取了资本主义核心价值观中积极和进步的元素，而且对资本主义核心价值观的虚伪和欺骗性进行了有力批判，扬弃了其中消极和落后的元素，采取以我为主、为我所用的态度和方法，通过选择、吸纳、同化不同系统的优秀文化养分，提升和丰富了自身文化价值，实现了中国化、本土化。

习近平同志指出，要把跨越时空、超越国度、富有永恒魅力、具有当代价值的文化精神弘扬起来，继承优秀传统文化又弘扬时代精神、立足本国又面向世界的当代中国文化创新成果传播出去。毫无疑问，社会主义核心价值观自觉承担起了这样的重任和使命。社会主义核心价值观植根传统，立足现实，面向世界，面向未来，立足中华文化立场，同世界优秀文明成果相融合，同中国现实需要相结合以满足人们日益丰富的文化需要，实现中华文化的创造性转化和创新性发展，形成了具有中国特色、中国风格、中国气派，体现中国精神、中国智慧、中国理念的价值观念，彰显了对中国特色社会主义文化精神和时代价值的强大自信。

第三节 在积极培育和践行核心价值观中坚定文化自信

实现中华民族伟大复兴的中国梦,必须要坚定文化自信。社会主义核心价值观蕴藏着深厚的文化积淀,在促进人们增强文化自信方面应发挥重要的作用。党的十九大报告对培育和践行社会主义核心价值观,增强文化自信做出了重大部署,为我们培育和践行社会主义核心价值观,坚定文化自信提供了根本遵循。

一、切实增强价值观自信

培育和践行社会主义核心价值观,坚定文化自信,首要的是增强价值观自信,这是关乎民族精神独立性的大问题。所以,价值观自信才是真正的文化自信。有了文化自信才会有文化自觉,有了文化自信才会有清醒,有了文化自信才会有定力,始终维护我们共有的精神家园,坚守社会主义核心价值观的精神高地。

首先,增强价值观自信,需要我们用好理论的力量。当今世界,文化的交流、交融、交锋无时不在,文化软实力的竞争和价值观的较量愈演愈烈。不少国家竭力抢占价值观的制高点,鼓吹自己价值观的普世意义;不少文化体系着力于话语权之争,意图掌控价值观领域相应核心概念、范畴的定义权;不少具有鲜明意识形态色彩的理论学说纷纷假以学术的面目行销全球。我们要增进自己的价值观自信,必须基于扎实的理论建设,把各种形貌的价值观"辨清",把我们自己的价值观"讲透"。"辨清"各种形貌的价值观,重点是准确把握西方热衷推销的有关学说与价值观的理论实质、来龙去脉、表现形态,辨清其赖以生成的现实条件、社会生态及其实践命运、理论局限,不雾里看花,不一味盲从,不简单移植。"讲透"我们自己的价值观,不仅要讲透中国人自己的价值观对于中国人精神独立性的意义、对于中华民族凝魂聚气实现复兴的意义、对于个体发展与百姓福祉的意义,而且要立足于当今时代价值观的制高点、科学社会主义的基本原则、中国历史进程与当下发展的独特性,讲透我们核心价值观的社会主义特质、民族特性、中国特色、时代特征及其先进性;善于用中国的思想智慧、中国的话语体系阐述当代中国人的核心价值观,善于在不同文明、不同价值观的国际对话中展现、传播好当代中国价值理念的义理与意义,以理论的彻底性为全民族价值观的自信提供有力支撑。

其次,增强价值观的自信,需要我们用好实践的力量。社会主义核心价值观不是空凭义理赏析的辞藻,而是需要实际践履的理念;不是用以为现实辩护的饰语,而是用以鉴照现实的镜子、引领发展的星辰。社会主义核心价值观在建设实践中的实现程度越深刻、越广泛,生命活力也就越强,越能够深入人心。当前我们全面深化改革,不是因为中国特色社会主义制度不好,而是要使它更好;我们说坚定制度自信,不是要故步自封,而是要不断革除体制机制弊端,让我们的制度成熟而持久。实践本身更是一种强大的教育力量。在实践中人们终将练就价值观自信的品质,成为社会主义核心价值观的坚定信守者与积极践行者。

最后,增强价值观的自信,需要我们用好文化的力量。文化的核心是价值观,价值观的重要滋养在文化。增进价值观自信,离不开优秀文化资源的熏陶。在漫长的历史进程中,中华民族创造了辉煌灿烂的文化,也形成了与之相应、独具民族气质的价值观。优秀的传统文化及其内蕴的价值观,承载着中华民族的精神基因,是社会主义核心价值观的文化之源,也是支撑我们价值观自信的底气与底蕴。我们应当通过创造性转化,让优秀的传统鲜活于当下,为社会主义核心价值观涵养发达的文化根系。在增强价值观自信中用好文化的力量,还要求我们以开放的气度、博大的胸怀对待其他民族的优秀文化成果,同时,用好当代中国新文化的力量。这就要求我们在承古汲外的基础上,激发全民族的文化创造活力,推动中华文化的创新性发展,创造中华文化的新辉煌。中华文化创新性发展的水平,直接关乎我们文化自信与价值自信的程度,也直接标志着我们走向社会主义文化强国的里程。

二、夯实文化自信的根基

对社会主义核心价值观的培育和践行是坚定文化自信的充分体现,我们要通培育和践行社会主义核心价值观来夯实文化自信的基础。

第一,充分发挥社会主义核心价值观的引领作用。社会主义核心价值观是我们生而为中国人的独特精神支柱,是凝聚中国力量的思想道德基础。要强化对国民教育的引领,围绕立德树人根本任务,推动核心价值观融入思想道德教育、文化知识教育、社会实践教育各环节,贯穿启蒙教育、基础教育、职业教育、高等教育各领域,体现到教材教学、校风学风建设之中,体现到高校思想政治工作全过程。强化对精神文明创建的引领,把培育践行核心价值观作为文明城市、文明村镇、文明单位、文明家庭、文明校园创建的根本任务,突出思想内涵,鲜明价值导向。强化对精神文化产品创作生产传播的引领,推动广大文艺工作者身体力行践行核心价值观,坚持以人民为中心的创作导向,高扬爱国主义主旋律,唱响时代正气歌。

第二,充分发挥中华优秀传统文化的滋养作用。中华优秀传统文化是中华民族的精神命脉,是涵养社会主义核心价值观的重要源泉。要坚持创造性转化、创新性发展,大力实施中华优秀传统文化传承发展工程,深入挖掘中华优秀传统文化蕴含的思想观念、人文精神、道德规范,结合时代要求继承创新,让中华文化展现出永久魅力和时代风采。要坚持古为今用、推陈出新,不忘本来、辩证取舍,深入阐发中华文化讲仁爱、重民本、守诚信、崇正义、尚和合、求大同等核心思想观念,用中华民族创造的一切精神财富化人、育人。要充分运用传统文化中的道德教化资源,深化孝老爱亲教育、诚信教育、勤劳节俭教育,着力发展乡贤文化、弘扬企业精神,引导人们不断提升道德水准。

第三,充分发挥法律和政策的保障作用。法律和政策在社会公共领域具有刚性约束力,对培育践行社会主义核心价值观有着重要的导向作用。要坚持依法治国和以德治国相结合,使核心价值观融入法治国家、法治政府、法治社会建设全过程,贯穿到立法、执法、司法、守法各方面,为法律政策的制定完善提供精神指引。要加快推动法律法规的立改废释,建立重大公共政策道德风险评估机制和纠偏机制,体现更加鲜明的价值导向,不折不扣地捍卫正义、毫不含糊地惩治丑恶,保障实现善有善报、恩将德报。大力弘扬社会主义法治精神,切实增强全民法治观念、规则意识。要更好运用法治手段维护社会公共价值、解决道德领域突出问题,捍卫英雄模范及其所代表的主流价值,发挥司法断案惩恶扬善功能,更好守护公平正义、弘扬美德善行,形成有利于培育和践行核心价值观的法治环境和制度支撑。

第四,要充分发挥党员干部的示范作用。党员干部是社会群体中的先进分子,德可为师、行可为范。全民动员,首先要干部带头。要落实全面从严治党要求,持之以恒推进党风政风建设,毫不放松加强党性教育,弘扬忠诚老实、公道正派、实事求是、清正廉洁等价值观,发展积极健康的党内政治文化,补精神之钙,铸党性之魂,稳思想之舵。要推动党员干部在践行社会主义核心价值观上做表率,明大德、严公德、守私德,以实际行动让群众感受到理想信念的力量,用高尚人格感召群众、带动群众。要加强对优秀共产党员的典型宣传,讲好身边共产党员的故事,用榜样的力量、楷模的风范带动全社会见贤思齐、积极向上、奋发进取。

第五,要充分发挥家庭的基础作用。家庭是社会的细胞。家庭和睦则社会安定,家庭幸福则社会祥和,家庭文明则社会文明。培育和践行社会主义核心价值观要从家庭做起,大力加强家庭文明建设,深入开展文明家庭创建,发扬光大中华民族传统美德,重视做好家庭教育,传承良好家风家训,形成爱国爱家、相亲相爱、崇德向善、共建共享的社会主义家庭文明新风尚。孩子是民族的未来,青少年的价值取向影响着一生的价值取向,决定着未来整个社会的价值取向。要坚持从娃娃抓起,不断深化未成年人思想道德建设,教育引导广大青少年树立远大志向、培育美好心灵、勤学、修德、明辨、笃实,扣好人生第一粒扣子,打牢思想之基、价值观之基。

三、大力推进文化创新

文化自信不在于文化的固守,而在于文化的创新和发展,只有文化实现不断创新和发展,文化自信才有源源动力和坚实基础。我们要以核心价值观培育引领文化创新和发展,不断提升文化自信。习近平总书记强调:"建中国特色哲学社会科学,要善于融通马克思主义的资源、中华优秀传统文化的资源、国外哲学社会科学的资源,持不忘本来、吸收外来、面向未来。"[1]这为我们培育核心价值观,加强文化建设、促进文化创新指明了方向。

首先,在文化创新中必须坚持马克思主义指导思想,坚定社会主义发展方向。近代以来,在西方列强的坚船利炮下,中国一步步沦为半殖民地半封建社会,中华民族成为被帝国主义、封建专制主义和官僚资本主义奴役的对象。为救亡图存,无数仁人志士进行了各种努力和尝试,都不适合中国实际。灾难深重的中华民族必须寻找救国的新路。十月革命一声炮响,给我们送来了马克思列宁主义,中国共产党和中国革命的面貌焕然一新。正是在以马克思主义为指导的中国共产党的领导下,中国人民才找到了适合中国实际、解决中国问题的科学理论和科学道路。从此,中国共产党团结带领中国人民不断取得了新民主主义革命、社会主义革命、建设和改革开放新征程的伟大胜利,取得了国家独立、民族振兴、人民富裕的伟大成就。今天的中国成为世界第二大经济体,世界第一贸易大国和制造大国,综合国力显著增强,国际地位显著提高,我们愈来愈走向世界舞台的中心,愈来愈接近100多年来仁人志士们实现民族伟大复兴的梦想,靠的就是中国共产党坚强正确的领导。中国共产党之所以能排除万难,制定出正确的路线、方针和政策,实现正确的领导,就是因为她坚持以马克思主义作为自己行动的指南,并且坚持把马克思主义与中国社会实际紧密结合,在推动发展的实践中实行理论创新,促进马克思主义

---

[1] 2016年,习近平总书记在哲学社会科学工作座谈会上的讲话。

中国化、时代化,发展中国化的马克思主义。马克思主义是中国 100 多年历史发生根本改变的思想根源,是中华民族由水深火热到振兴奋起走向富强的灵魂,是中国人民美好未来的思想保证。所以,我们不管进行什么样的文化创新都必须坚持马克思主义指导地位不动摇。

其次,要实现对传统文化的创造性转化与创新性发展。2014 年 9 月 24 日,习近平总书记在纪念孔子诞辰 2565 年国际学术研讨会上强调,要"努力实现传统文化的创造性转化、创新性发展,使之与现实文化相融相通,共同服务以文化人的时代任务"。"双创"方针的提出,标志着中国共产党在新的历史条件下对文化发展规律和文化发展路径的认识达到了一个新的高度。传统文化的创造性转化创新性发展要遵循如下原则:一是充分尊重传统文化,自觉礼敬民族历史,实事求是地整理挖掘,不忘本来才能开辟未来,善于继承才能更好创新。二是科学辨析精华糟粕,区别优劣得失,既要看历史作用又要从当下需要分析,以确认哪些应当保留传承,哪些必须改造调整甚至抛弃。三是立足现实发挥作用,服务于当前经济社会发展和思想文化建设,运用传统不能食古不化,更不能作茧自缚。四是转化再造丰富发展,把继承精神与改造形式有机结合,借鉴吸收有益文化成分,赋予新的时代内涵。五是坚决抵制极端思潮,特别是无视历史文化传统的虚无主义和唯传统至尊的复古主义,还要注意克服在市场经济条件下的功利主义倾向,防止转化创新过程中的形式主义等。

最后,要采取开放的心态,博采众长的胸怀,积极吸收和借鉴人类优秀文明成果。坚定文化自信并不意味着唯我独尊、闭上眼睛不看世界,而是要在坚守自身优秀文化的同时,正确对待世界其他文化,尤其是西方文化。从汉代的张骞通西域到明代的郑和下西洋,都体现了中华民族是一个兼容并蓄、海纳百川的民族,对外来文化具有开放的态度。在漫长历史进程中,不断学习他人的好东西,把他人的好东西创造性地转化成自己的东西,这才形成了中华民族特色。改革开放以来,世界各国优秀文化成果的输入,使中国特色社会主义先进文化更加丰富多彩。在当今世界各种思想文化相互影响和彼此竞争日趋激烈的情况下,我们一定要有世界的眼光,以宽广的胸怀全面了解别国的文化建设成就和经验,广泛借鉴世界各国优秀文化成果,取其之长,补己之短,使中华民族最基本的文化基因与当代文化相适应、与现代社会相协调,把跨越时空、超越国界、富有永恒魅力、具有当代价值的文化精神弘扬起来,着力建设具有中国特色、中国风格、中国气派的社会主义先进文化,使中华文化始终立于世界文化发展的潮头。

四、提高文化对外传播能力

我们的文化自信不仅取决于自己文化本身优秀从而自己相信,且还要做到"他信",让他国也信服。关起门来孤芳自赏不行,文化也要走出国门到全世界学习交流,故步自封、固守己见、文化自大与自足,不是真正的文化自信,只会带来文化发展的落后,其实是不自信的表现,真正的文化自信是在交流和碰撞中形成的。因此文化自信必须实施文化"走出去"战略。习近平总书记要求"把跨越时空、超越国度、富有永恒魅力、具有当代价值的文化精神弘扬起来,继承传统优秀文化又弘扬时代精神、立足本国又面向世界的当代中国文化创新成果传播出去。"①

首先,坚持对外宣传工作"三贴近"。对外宣传工作的"三贴近"原则,即"坚持贴近中国发展的实际,贴近国外受众对中国信息的需求,贴近国外受众的习惯。""三贴近"原则是我们在长期对外宣工作实践中总结出来的行之有效的基本经验,推进我国社会主义核心价值观对外传播,必须坚持并灵活运用"三贴近"原则。

一是贴近中国发展实际,就是要紧密结合当代中国特色社会主义发展实际,实事求是地传播我们的价值观。随着我国国际地位的不断提高,世界各国对我国关注度越来越高,特别是一些西方国家,认为我国崛起是对西方价值观的挑战,随之而来是"中国威胁论"等一系列贬损我国的论调,并借助强大话语权和传播优势误导别国。西方媒体掌握着全球90%以上的新闻信息资源,近70%的海外受众通过西方媒体了解中国,而相当多的西方媒体仍然戴着"有色眼镜"观察中国、报道中国。这种情况下,我们需要坚持用事实说话,让世界各国认识真实的中国,用证据驳斥妖魔化中国的理论。我国自古就是爱好和平的国家,从来没有通过战争手段去征服另一个国家,我国向来遵循的是和而不同、以和为贵的原则。近年来我国的崛起也是源于我国劳动人民的勤劳和智慧,这些事实都是传播我们价值观的有力证据。习近平总书记多次强调,要讲好中国故事,传播好中国声音。把中国故事讲好了,把中国声音传播好了,对引导国际社会全面客观认识中国具有重要而深远的意义。

二是贴近国外受众对中国信息的需求,就是要找到西方受众对中国的兴趣点。西方民众往往对政府的官方宣传持质疑和排斥态度,所以我们应该通过多种媒介和渠道宣传我们的价值观。比如西方青少年关注中国很大部分来

---

①2014年2月17日,习近平总书记在省部级主要领导干部学习贯彻十八届三中全会精神全面深化改革专题研讨班上的讲话。

自于娱乐界和体育界的明星,通过喜爱的这些明星了解中国,进而影响到对中国的立场。因此我们在对外传播中,要充分发挥好这些公众人物的作用,利用他们的影响力来传播我们的价值观。

三是贴近国外受众的习惯,就是要充分考虑到中西方思维和文化的差异性,不能按照对内宣传的方式去对外传播。中国人交流存在"间接"的特征,而西方人交流更加"直接";中国人追求求同思维,而西方人更喜欢存异思维。所以,在价值观对外传播的过程中由于这种文化背景不同,很容易造成误读。因此我们在价值观对外传播中要充分考虑当地的文化习俗等,因地制宜地传播好中国声音。

其次,扩大文化产品出口与文化交流。我国要紧紧立足和依托国内丰厚的文化资源优势,大力开发、挖掘具有民族特色和时代特征的优秀文化产品,把深刻反映中华民族特色和当代中国核心价值观的文化产品和服务推介到国际市场中去。近年来,我国实施文化走出去战略,创作生产了一批反映中国主流价值观,又符合国外受众需求的文化产品,如获得2015年"雨果奖"的长篇科幻小说《三体》、电视纪录片《舌尖上的中国》等。如近几年在全球巡演中大获成功的青春版昆曲《牡丹亭》,就引起了西方世界的强烈共鸣。《牡丹亭》展示了精致含蓄的昆曲,是关于爱情的动人故事,表达了对爱情和自由的渴望,它超越了国界,迎合了人类共同的价值观。它既是传统的,又是现代的;既是民族的,也是世界的;既是中国的,又是全人类的,这样的作品很好地诠释了传统文化的现代传播,在情感上找到了共同点,在赢得市场得到了西方观众的认同的同时也传递了中国价值观。与此同时,我国还通过举办各种文化品牌活动展现中华文化的魅力,如通过举办"中国文化周"、"中国文化年"等活动向世界介绍中国;孔子学院也是传播中华文化、中国价值的重要渠道。截至2017年10月,我国在全球142个国家(地区)建立了516所孔子学院和1076个孔子课堂。孔子学院不仅向全世界的汉语学习者提供方便及丰富的学习资料,更重要的意义在于它增进了世界各国对我国文化的了解,弘扬了中华文化。

最后,提升大众传媒对外传播能力。继报刊、广播、电视之后的"第四媒体"即互联网的发展,为传播中华文化的提供了一个全新的传播途径和媒介。我们要抓住互联网革命的新机遇,进一步加强网络对外传播能力建设,更好地让世界了解中国,增进世界对中华文化的理解和认同,进一步提高向世界阐释中国道路、传播中国价值的能力和水平。

一是要打造话语体系。我们应以中国梦为核心,打造一套既反映中国发展特质、又能与世界多元价值沟通的话语体系。中国梦一经提出即引起世界广泛关注。它能有效统合国家、民族发展与个人发展,有效衔接和贯通历史、现实与未来,有效整合与涵括海内与海外、传统与现代的共同追求与价值取向,以更接地气、更易于被不同国家和民众所理解的话语形式展示和呈现中国发展的真实状态和未来图景,从而能够更为有效地传播中国价值。

二是要提升传播技巧。这就要求我们在文化传播中,既正确理解和坚持中华文化的独特价值与魅力,又把握世界文化发展趋势,努力掌握各国、各民族文化在传承和接受方式方面的关联与差异;既充分发挥政府作用,又着力调动民间组织、社会团体和人民群众的积极性主动性创造性。通过广泛讨论,包括在世界范围吸收、整合各种意见、见解,形成对中国价值的科学定位与完整表述。同时,应掌握和遵循文化传播规律,注意循序渐进、由浅入深,以文化产品传播为切入点,通过日常交往和经济、科技、教育等交流,继之以对制度与规则等的阐释,逐步地、潜移默化地促进世界各国民众理解和认可中国发展对世界的影响与贡献。

第二章　社会主义核心价值观与中国优秀传统文化

　　2014年2月24日,习近平总书记在中共中央政治局第十三次集体学习时谈到社会主义核心价值观与中华优秀传统文化的关系时强调,"要认真汲取中华优秀传统文化的思想精华和道德精髓,大力弘扬以爱国主义为核心的民族精神和以改革创新为核心的时代精神,深入挖掘和阐发中华优秀传统文化讲仁爱、重民本、守诚信、崇正义、尚和合、求大同的时代价值,使中华优秀传统文化成为涵养社会主义核心价值观的重要源泉。"①

　　2014年5月4日,习近平总书记在北京大学师生座谈会上发表重要讲话,明确指出"我们提倡的社会主义核心价值观充分体现了对中华优秀传统文化的传承和升华"。②

　　在中国共产党第十九次全国代表大会上,习近平总书记在报告中谈到要大力弘扬社会主义核心价值观时,再次强调要"深入挖掘中华优秀传统文化蕴含的思想观念、人文精神、道德规范,结合时代要求继承创新,让中华文化展现出永久魅力和时代风采。"(《决胜全面建成小康社会　夺取新时代中国特色社会主义伟大胜利》)

　　中国作为有几千年历史的文明古国,积淀了丰厚的优秀文化遗产,既为世界文明历史作出了卓越的贡献,也为我们今天构建社会主义核心价值观提供了充足的血脉和基因。自先秦到现代,中国虽经历朝历代,有统有分、有治有乱、有兴有衰,但文化传承始终一脉相承、延续不断,这在世界四大文明古国中是绝无仅有的。中华优秀传统文化是社会主义核心价值观的深厚沃土,离开优秀传统文化的滋养,社会主义核心价值观将变成无源之水、无本之木。

---

①②《习近平谈治国理政》第二卷. 外文出版社,2017年。

第一节　社会主义核心价值观国家层面的传统文化底蕴

富强、民主、文明、和谐是建设社会主义现代化国家的价值目标。实现经济富裕、政治民主、文化繁荣、社会和谐，建设社会主义现代化国家，是近代以来中华民族的不懈追求，是我们党近百年接续奋斗的现实理想，是当代中国各族人民顺应历史潮流的理性选择。

社会主义核心价值观的传统底蕴，蕴含于国家、社会、个人三个层面的优秀传统文化之中。尽管过去与当下的对话能够产生延续历史的脉动，但是并不是当下的时代与所有的历史都必然地相符合，即是说并非今天你我的文化观念都能与古代人的观念一一对应。时代不同，历史所绘制的文化图画就必然有所不同。我们是在强调传统文化底蕴，但这并不以为着我们要像曾经的一些遗老一样，要固执地将社会主义核心价值观的每一个价值观关键词在传统中构非要找到完全一致的对应才肯罢休。如果这样，就成了毛泽东同志当年所批评的本本主义和教条主义，毛泽东同志当年调侃本本主义和教条主义说是不如狗屎，狗屎还能肥田，本本主义和教条主义害死人，误人误己。历史的发展使得古代人所表达的词汇与语境可能与现代人的理解完全不同，所以这种归纳的真正目的，在于试图透过对传统底蕴的解读与现代对接，从而夯筑社会主义核心价值观强大的历史根基与文化穿透力，在批评性的继承与创造性的转化中真正认识价值观的古今变革。

一、富强："治国之道，必先富民"

"富强"是社会主义核心价值观国家层面乃至整个中国人思想体系中最为显著、最为重要的概念，富强是民族复兴的前提。以"富强"作为社会主义核心价值观的开篇，充分体现了它在国家建设、民族复兴中的重要地位，富强既是国家建设层面的重要内容，也是个体奋斗层面的重要环节，民富才能实现国强，国强才能保证民富。自古以来，人们将民富国强视为奋斗目标，为了这个目标，一代又一代的中国人为之辛勤劳动。富强的思想，早在春秋战国时期，就有明确的记载。管子云，"主之所以为功者，富强也；主之所以为罪者，贫弱也。"(《管子·形势解》)这说明富强作为国家建设的目标,是统治阶级为了自身利益而必然要达到的目标,表明国家整体实力的提升是推动国家治理与政治变革的先决条件,是区分国势强弱的根本标准。

除了综合实力的构建之外,古代中国还特别强调"国富"与"民富"的一致性,认为民富是国富的前提,国富是民富的保障。国家的强大要以一家一户的富强作为根本前提,要实现"国民共进",因此儒家倡导"民富先于国富"、"贵仁义而鄙诈力"贵民政策。"国必先富民。凡治国之道,必先富民。民富则易治也,民贫则难治也。"(《管子·治国》)这种富强的政策是以民本为核心思想的,即民富则国富,也正是孔子所说的"政在使民富",亦即朱子所评注的"民富,则君不至独贫;民贫,则君不能独富。"(《四书章句集注·颜渊第十二》)与儒家的民富为先思想相比,传统的法家则主张国富为先。商君云,"治国者,以富国强兵也。"(《商君书·壹言》)因此他所提倡的奖励农桑,看起来似乎旨在富民,但其根本目的仍然是为了尽快实现国家的整体富强,因为"入使民尽力,则草不荒;出使民致死,则胜敌。"(《商君书·算地》)所谓的"胜敌"、"草不荒",都是围绕着"富强之功"这个目标而展开的。为了快速地使秦国变成强大的、统一的国家,商鞅在变法之际,推行"唯功利而贱仁义"、"富国贫民"主张。韩非子作为法家的集大成者,自然承续了商君的这种国富为先的思想,认为"明主者,通于富强则可以得欲矣。故谨于听治,富强之法也。"(《韩非子·八说》)但是韩非子比较商君,他更重视法的作用,认为只要以刑罚治天下,自然能够实现民富,他认为所谓的"磐石千里,象人百万"都不可以谓之富强,根本原因在于实现国家的富强,必须以刑罚治天下,而刑罚治天下的逻辑又在国富优先于民富。换言之,富强的目的在于实现统治的"独尊"而非人民的"共富"。

大致说来,"富国优先"追求集权统治,为霸道服务,着眼于当下实效,但即便是霸道,也要强调治理的正当性。如(《尚书·皋陶谟》)所云"强而义"就是这个道理。"富民优先"追求儒家政治理想,为王道服务,追求长远利益。前者刻薄寡恩,后者宅心仁厚;前者注重国家实力,后者注重民心民力;前者急功近利,唯国富为目标,后者在关注民富的同时,还追求王道、仁义的价值目标。中国古代关于富强的不同表述与论争,对今天中国富强这一核心价值观的建设而言,同样具有重要的启示。当下中国的发展,李克强总理在今年的政府工作报告中说明,国民生产总值达到82.7万亿元,30多年的经济体制改革在国富意义上硕果累累,军事力量明显增强,对外贸易额居世界第一,国内生产总值居世界第二。尽管今天的贫富差距已经不再像过去的"富者田连阡陌,贫者无立锥之地"(《汉书·食货志》),但是相比于国家的日益强大而言,还有许多人没有脱贫,因为贫困而滋生了许多社会问题,民有恒产者,始有恒心。当今的变革社会中,虽然国家的整体实力在不断地强大,但是物质文明的增量与精神文明的减量形成鲜明的反差,整体综合实力与文化软实力之间存在着巨大的间隙。因此,要真正实现社会主义核心价值观的首要价值观——"富强",就必须深刻体会传统中国富强观的两种分歧,真正做到"民富"与"国富"齐头并进。社会主义中国是在中国共产党领导之下胜利前行的,我们要实现的国富如果没有了民富就失去了它的意义,正如习近平总书记在十九大上所说的:"党的一切工作必须以最广大人民的根本利益为最高标准。我们要坚持把人民群众的小事当做自己的大事,从人民群众关心的事情做起,从让人民群众满意的事情做起,带领人民不断创造美好生活"。

二、民主:"民惟邦本,本固邦宁"

中国古代思想史中的关于民主的论述有很多,比如"广开言路"、"载舟覆舟"、"民贵君轻"、"民惟邦本"、"天下为公"等,这些论述有一个共同的特点,即虽然都承认君对民有绝对的统治权,这种统治基础不容置疑,但是要求统治方式能够以民为本,民之诉求是治国理政的基础,它们共同构成中国古代统治思想的理论基础与核心内容,中国古代的民主思想都有其特定的思维逻辑以及具体的历史内涵,这也是社会主义核心价值观国家层面值得思考的地方。

何谓民主?在中国和西方,人们对民主的阐释既有相通之处,也有明显差异。在中国传统文化中,民主的意思是为民做主。在《说文解字》中,"民"的解释是:"众萌也",意为众多之数;"主"的解释是:"灯中火主也",意为指明方向的人。"民主"一词最早见于《尚书》,如"天惟时求民主"、"诞作民主"等。这里的"民主"即"民之主",就是管理人民的君主,有为民做主之意。

现代意义的民主制度源于西方,英文的"democracy"源于古希腊文 demokratia,由 demos(平民)及 kratia(权力或治理)两个词组合而成,意为"平民的治理"。两千多年前的古希腊实行公民直接治理国家的模式,被誉为西方民主的起源。古希腊雅典时期的伯里克利说:"我们的制度之所以被称为民主政治,因为政权在全体公民手里。"近现代意义上的民主,直至18、19世纪才在英美诸国确立。到了20世纪,民主制度逐步成为西方发达国家的普遍政治制度。

作为近代文明的重要价值的表现之一,现代民主政治规范着近百年来人们的基本生活方式与政治参与方式。现代政治强调国家的治理以民主作为基本原则,实际上这种思想早在两千年前的中国就已经明确提出。太康失国,然后作《五子之歌》,所谓"民惟邦本,本固邦宁"。重视人民在政治上的表达,是国家治理与延续下去的根本基础,以这个基础作为治国理政的座右铭,那么国家就能长盛不衰,而一旦轻视人民的作用,国家就会陷入混乱,就是"失国"。在中国历史上,凡是懂得"水能载舟,亦能覆舟"(《荀子·哀公》)这个道理的君王,都能以退为进,使得江山永固不衰,而一旦轻视这个定理,就会迅速招致"身死国灭"的境地。因此在中国古代的语境下,民主并不是必然等同于使人民当家作主,而是要对人民保持敬畏,对来自权力持有异议的声音要虚心听取,积极改进。所谓为政之道,贵在得人,政之所兴,在顺民心,因而民主的问题往往又与民生问题联系在一起,处理好了民生问题,等同于处理好了民主问题。而这种境界,是所谓的"皇祖有训,民可近不可下"(《尚书·五子之歌》)的真实写照。

中国特色社会主义的民主与西方的民主,本质区别就在民主的本质并不是徒有其表的选举与政党之间的内斗,而是共产党能够集中力量解决民生问题,全心全意为人民服务,这种由民生问题而达到民主政治的做法,使得社会主义建设能够时时刻刻地思考人民在民主政治中的地位,在社会主义现代化国家中的地位,民兴则政顺,政顺则国强,沿着这样一条道路,社会主义核心价值观的民主建设也有了其独有的气质。正如习近平总书记在十九大上所说的:"发展社会主义民主政治就是要体现人民意志、保障人民权益、激发人民创造活力,用制度体系保证人民当家作主",在新的历史时期,要实现人民当家作主,必须:"坚持党的领导、人民当家作主、依法治国有机统一;加强人民当家作主制度保障;发挥社会主义协商民主重要作用;深刻依法治国实践;深化机构和行政体制改革;巩固和发展爱国统一战线。"

三、文明:"见龙在田,天下文明"

文明的最早涵义见诸《易·乾·文言》:"见龙在田,天下文明"。所谓阳气在田,始生万物,因此,天下有文章光明者谓之华夏。夏,大也。中国有礼仪之大,故称夏;有服章之美,谓之华。中华文明一词,本身就意味着文德辉耀,"濬哲文明,温恭允塞"(《尚书·禹贡》),所谓"文",就是"经天纬地";所谓"明",就是"照临四方"。所以文明本身就涵盖着社会进步的积极状态,是与"蛮貊"相互对立的概念。"刚柔交错,天文也;文明以止,人文也。观乎天文,以察时变;观乎人文,以化成天下。"(《周易·贲卦·彖辞》)在中国古代统治者的语境下,就是要使得政治的合法性如同天、地、日、月一样正大而光明,并用礼乐来教化世人。那么,国家就会因之而变得壮大,民众也会被这种教化感染而进退有节、行止有度。可以说,"见龙在田,文明以止"是中华文明意识与精神特征的绝佳表述。纵观中国古代国家强盛、人民幸福的朝代,无不遵循这一意识。

从国家层面来讲,文明是指国家发展的状态,即国家创造的物质财富与精神财富的总和。这是唯物史观对文明的根本定义。在唯物史观视野中,文明是物质与文化的增长,以及由此产生的各种制度建设,最终推动人的全面发展。我们熟悉的物质文明、精神文明、政治文明、社会文明、生态文明,都包含于国家发展的状态之中。

从社会层面来讲,文明是社会秩序的确立。唐人孔颖达对《周易》的"天下文明"注解说"经天纬地曰文,照临四方曰明",其意指社会文教昌达、文德彰显而形成的王者修德、民风淳朴、风调雨顺的和谐景象。

从个人的层面来讲,文明则是指人的教养和开化状态。《尚书·舜典》称赞舜"浚哲文明",就是指他非常谦恭,品德高尚,很受人爱戴的意思;《礼记·乐记》说:"是故情深而文明,气盛而化神,和顺积中而英华发外。"文明是谦恭有礼,是内在的德行开放出来的一枝鲜花。西方的"文明"一词包含有脱离野蛮的开化之意。所以,文明有人的端庄优雅有教养之意。

马克思主义认为,文明是对社会发展状态的一种总体描述,文明即人类创造的物质财富与精神财富的总和。文明的产生,与生产力发展紧密相连:"文明时代是学会天然产物进一步加工的时期,是真正的工业和艺术产生的时期"。①而生产力和生产关系的矛盾运动,促进文明形态的发展变化:"通过私有财产及其富有和贫困——或物质的和精神的富有和贫困——的运动,正在生成的社会发现这种形成所需的全部材料"。②

把贫穷落后一穷二白的、半殖民地半封建的中国建设成为文明国家,是中国共产党始终不变的价值诉求。在革命战争年代,建设文明国家就是共产党领导人民进行革命的目标之一。毛泽东指出,我们"不但要把一个政治上受压迫、经济上受剥削的中国,变为一个政治上自由和经济上繁荣的中国,而且要把一个被旧文化统治因而愚昧落后的中国,变为一个被新文化统治因而文明先进的中国。"③

在改革开放新时期,我们党一再强调,不仅要建设高度发达的物质文明,

---

① 《马克思恩格斯选集》第4卷. 人民出版社,1995年,第24页。
② 马克思,《1844年经济学哲学手稿》. 人民出版社,2000年,第88页。
③ 《毛泽东选集》第2卷. 人民出版社,1991年,第663页。

还要建设高度发达的精神文明。两手都要抓,都要硬。强调社会主义的优越性不仅表现在经济政治方面,表现在能够创造出高度的物质文明上,而且表现在思想文化方面,表现在能够创造出高度的精神文明上。贫穷不是社会主义;精神生活空虚,社会风气败坏也不是社会主义。必须充分认识到,两个文明建设缺少任何一个方面的发展,都不成其为有中国特色的社会主义。

进入21世纪以来,我们党更是将社会主义文明上升到兴国之魂的高度。习近平指出,中国共产党人要领导中国人民实现民族复兴的中国梦,就必须弘扬凝聚社会主义核心价值体系精髓的中国精神,这就是以爱国主义为核心的民族精神,以改革创新为核心的时代精神。这种精神是凝心聚力的兴国之魂、强国之魂。

四、和谐:"不偏不易,中正和合"

和谐是中华优秀传统文化的精华,中国传统的和谐思想,体现为"不偏之为中,不易之为庸"(《论语·中庸》)、"明启刑书,胥占,咸庶中正"(《尚书·吕刑》)的中庸思想以及"乾道变化,各正性命,保合太和,乃利贞"(《易·彖》)的和合思想。它们是中国古代和谐思想的集中体现,当今所谓的和谐,在中国古代的语境下,就是中庸和合,"中者,不偏不倚,无过不及之名。"(《四书章句集注·中庸章句》)中国古代的哲学家特别推崇这种居中原则,"中庸之为德也,其至矣乎"(《论语·庸也》)中国古人通过对天地人三者的感应,"仰观吐曜,俯察含章"(《文心雕龙·原道》),领悟到了自然界与人和谐相处的真谛,中和之道实际上就是辩证法"发展是对立面的统一"的朴素表达,是天性与人性的合一,是理性与情感的合一,是鬼神与圣贤的合一,更是涵内与修外的合一。

和谐的本质就是万物阴阳之间有同有异,能够共生共处。"万物负阴而抱阳,冲气以为和"(《老子·第四十二章》),"若以同裨同,尽乃弃矣;以他平他谓之和,故能丰长而物归之;夫和实生物,同则不继。"(《国语·郑语》)"合"的本义是上下唇的合拢,"和"的初义是声音相应和谐。殷周之时,"和"与"合"是单一概念,尚未联用。《尚书》中所谓的"和",是指对人际关系与社会关系中的一些基本价值观念的处理;所谓的"合"是指两个观念能够相融自处。《易经》所谓"和"有两个意思,一是指和谐,另一是指善和,而所谓的"合"字则没有出现过。道家有"和合术",用于挽回感情,和合姻缘之意。

在"中正和合"思想中,中国古人首先强调的是个人、社会、天道以及自然法的和谐一致,"人法地,地法天,天法道,道法自然"(《老子·第二十五章》),人类文明的程度与社会发展的进程是一致的,社会的改造又是根据天道而变化的,而天道的来源是朴素的"自然法",是不能证明的绝对真理。

其次强调的是政治的和谐。中国古代的和谐理念最早滥觞于政治的和谐,所谓"燮和天下"(《尚书·顾命》)、"契能和合五教,以保于百姓者也"(《国语·郑语》)、"和合故能谐"(《管子·兵法》),其本质上就是统治者要行"王道","王道"的基础是"保民","为政以德,譬如北斗,众星拱之"(《论语·为政》),巩固政治合法性基础,提升民众对统治者的认同的根本措施是要施行德治、仁政。在处理国家间关系、民族间关系时,要协和万邦,以仁政之教使得本国在国际上树立威信,"仁者无敌"(《孟子·梁惠王上》);反对武力,通过羁縻、怀柔远人的政策来使外邦臣服,"修文德以来之"(《论语·季氏》)。

再次是强调经济的和谐。经济的和谐首先是要实现生产力的增量改革,使得人民富足,明荣辱知礼节,"仓廪实而知礼节,衣食足而知荣辱"(《史记·管晏列传》)。其次在经济上要确保良性的发展,使得精神建设与物质建设要保持同步,"必使仰足以事父母,俯足以畜妻子,乐岁终身饱,凶年免于死亡。然后驱而之善,故民之从也轻。"(《孟子·梁惠王上》)再次要确保中产阶级占据人口的绝大多数比例,缩小贫富差距,尽可能做到共同富裕,比如孟子所说"有国有家者,不患寡而患不均,不患贫而患不安。盖安无倾,和无寡,均无贫。"(《论语·季氏》)孟子所说"有恒产者有恒心,无恒产者无恒心",国家稳定的前提条件是使民众拥有经济的自主地位与一定的资产,而不至于出现所谓的"朱门酒肉臭,路有冻死骨"以及"富者地连阡陌,贫者无立锥之地"等两极分化的局面。

在中国传统文化的性格中,"和"与"谐"具有大致相同的意涵。和谐的思想有一个基本前提,就是不是绝对的相同相等,所谓"和而不同",要达成事物的和谐,必须首先遵循一种承认不同声音、不同性格的前提。当今中国最大的问题是发展以及发展中遇到的问题,历史上那些发展强大到一定程度的朝代有可能长盛不衰,也有可能顷刻覆亡,这种区别在于是否能够处理好个人自身、人与人之间、人与社会之间、社会各阶层之间、人与自然之间以及国家与国家之间的关系。从国家层面来看,提倡和谐社会的根本前提在于,首先要营造一个良好的政治秩序,对外提倡和平崛起的发展道路,对内倡导"五位一体"总体布局、"四个全面"建设。社会主义核心价值观中关于和谐的表述,标明了我们在治理一个强大的中国的同时,更希望在文化的层面,处理好中国人精神世界中怡然自得、守望相助的精神家园。

第二节　社会主义核心价值观社会层面的传统文化底蕴

自由、平等、公正、法治的价值取向，基于社会主义社会的基本要求。马克思提出未来社会的标志是"每个人的自由发展是一切人的自由发展的条件"。自由是让人的创造性充分发挥和社会充满活力的前提条件；平等是社会主义社会人民的经济、政治、文化、社会权利的平等性质的凝练表达；公平正义是中国特色社会主义的内在要求；法治是社会有序运行的基本保障。

一、自由："为仁由己，百家争鸣"

自由是一个被人们倍加珍惜的价值理念。裴多菲的小诗"生命诚可贵，爱情价更高。若为自由故，二者皆可抛"，当属人们对自由最浪漫的表达。

在中国传统文化中对自由的理解主要是心性的自由，而非身体的自由。《论语·颜渊》有言，"为仁由己，而由人乎哉。一日克己复礼，天下归仁焉。克己复礼为仁。"仁德的实施，完全是心性使然，仁的状态的发生，是内心自在自得的外部表达。所以在传统中国文化语境中，所谓的自由是指一种随情任性的行为方式或者个人自在自得的存在状态。道德行为中的自由首先是表现为道德选择的自由，但是道德上的自由并不是绝对的，在孔子那里，自由的先决条件反而是"克己"。"求仁弘道"首先要在学问上达成意识的自主自觉，"君子求诸己"（《论语·卫灵公》）、"古之学者为己"（《论语·宪问》），这说明了儒家所理解的自由，主要是"积极自由"，但是同时并不否定消极自由，强调自主性是达成一种内心的自在，有了这个先决，才能推己及人，欲仁而得仁。儒家对个人的理解，并不是原子式的个人主义，而是依附于社群与个人之间的一种"人格"观念，所以孔子在克己复礼之间又主张适度的合理损益，即委屈"小我"以成全"大我"。"为政在人，取人以身，修身以道，修道以仁。亲亲之杀，尊贤之等，礼所生也。"（《礼记·中庸》），自由的选择又被赋予了等级的色彩，不是一种绝对自我的、个体的人格自由，而是一种社群等级的人格自由。

在现代社会，自由表现为能力、机会与权利的统一，以及个体在独处时的自在自乐自得。在认识与改造世界的能力范围中，必须具备一种自由，这种自由表现为权利(right)、机会(chance)与能力(capacity)的有机统一,有了心性的自由,才有感知客观世界的自由,有了感知客观世界的自由,才有回归到主观与客观世界共同感知的自由。因此,我们需要在批判性地承接中国传统心性自由思想与自由概念的基础上,实现消极自由与积极自由的统一,建构与培育出社会主义核心价值观的自由价值序列。

自由是中国特色社会主义的基本要义,是"中国梦"的核心意蕴。中国特色社会主义事业的出发点和落脚点都是为了实现广大人民群众的根本利益。人民的利益不仅仅只是物质生活的改善,更重要的是保证人民能够充分享有发展自我、自现自我的条件和自由,使每个人都能够自由全面地发展,都能享有"人生出彩"、"梦想成真"的机会。十八大明确把"促进人的全面发展"纳入中国特色社会主义道路的内涵。促进人的全面发展,既需要保障人们所拥有的言论、思想等基本权利和自由不受干涉,又需要提供人们自由发展的资源和条件。

二、平等:"列德尚同,爱无等差"

现代社会的基石是什么?对于这个问题,虽然众说纷纭,但在众生喧哗之中有一个基本共识,那就是平等。在文明社会,平等是人们的一个共同愿望。然而,实现这一愿望的历史几乎和人类文明史同样久远。

中国古代的平等思想往往与国家治理联系在一起,"昔先圣王之治天下也,必先公,公则天下平矣"(《吕氏春秋·贵公》),但是这种平等思想在一个充斥着等级秩序的社会中所能实现的也非常有限,是同一阶级内部的机会均等,并没有在不同阶级之间打通。比如古代的哲学家强调"阴阳之和,不长一类;甘露时雨,不私一物;万民之主,不阿一人。"(《吕氏春秋·贵公》)这种平等思想如果加以端视,就不难发现它反而是建立在等级森严的制度体系之上的。"天之道,损有余而补不足。人之道则不然,损不足以奉有余。"(《道德经第七十七章》)不管是损己补彼,还是损满补阙,天道与人道这种本身就包含着强烈等级色彩的思想体系,对于其平等主义的思考,实际上都是一种"有限的"哲学思考。所以古代的平等,不是一种绝对的平等,而是一种建立在尊卑、长幼、君臣、父子、夫妇等严格秩序等级下的平等,"今天下无大小国,皆天之邑也;人无幼长贵贱,皆天之臣也"(《墨子·法仪》),这也是中国古代礼法观念的基本形态。在这种等级制度之下,哲学家们通过仁道寻求尽可能确保人与人之间、人与自然之间能够平等共处。

就平等而言,最重要的是人性与人格的平等,在人格平等方面,人的平等首先是要承认人具有共同的属性,有共同的人性。比如孟子曾说"圣人与我同类"、"人皆可以为尧舜",可见人的自然属性都是相同的,而且即使先天有差别之处,都是可以通过后天的自我改造弥补的。这些平等表现在"饥而求食,劳而求逸,苦而索乐,辱则求荣"(《商君书·算地》),这说明,生存权、休息权、荣誉权等人身权利是每一个人最基本的权利。就公正平等的观念而言,墨子最早就有明确的表述,比如"尚贤"、"爱无差等"、"兼爱"、"尚同"等在形式平等方面,中国古代的儒家主张人道的平等因循天道的平等,在天道方面,主张应该以天地自然而生大公无私的本来面目,来确定人道平等的标准,"天无私覆,地无私载,日月无私照"(《礼记·孔子闲居》),奉此三者,可以谓之无私。

在人道的平等方面,主张"列德尚同",官无常贵,民无常贱,有能者上,无能者下,同时儒家还特别主张要打破阶层固化的局面,通过"论德定次,量能授官"的后天努力来改变自身不平等的局面,如"王公士大夫之子孙也,不能属于礼义,则归之庶人。虽庶人之子孙也,积文学正身行,能属于礼义,则归之卿相士大夫"(《荀子·君道》)。中国古代的法家特别遵循法的价值应当一体尊奉,主张"法不阿贵,绳不挠曲","法之所加,智者弗能辞,勇者弗敢争。刑过不辟大臣,赏善不遗匹夫。"(《韩非子·有度》)当然这种平等只是刑法意义上的平等,由于中国古代的法律体系并不关注民事、商事,因此,在财产、继承、婚姻、契约上的平等方面,中国的法律则较少涉足,而经济上的不平等往往也造就了"富者有连陌之田,贫者无立锥之地"的困境。

马克思主义认为,"一个国家的一切公民,或一个社会的一切成员,都应当有平等的政治地位和社会地位"。[①]这一现代意义上的平等观念经过了几千年才成为某种自然而然、不言而喻的东西。尽管如此,就政治权利的平等方面而言,以"自由、平等、博爱"为旗帜的法国大革命之后,妇女在很长的历史阶段连选举权都没有;以"人人生而平等"为理念的美国,也只是在21世纪60年代才最后取消了种族不平等制度。阶级是造成不平等的深刻根源,恩格斯说,"无产阶级平等要求的实际内容都是消灭阶级的要求。任何超出这个范围的平等要求,都必然要流于荒谬。"[②]历史和现实证明,只有在社会主义社会才能真正消灭阶级,实现人民对生产资料的共同占有和对国家权力的共同支配。就此而言,社会主义比资本主义为平等提供了更坚实的制度基础。所以说,社会主义社会的平等比资本主义的平等更真实。

平等是社会主义的本质属性,平等是保证人民当家作主的基本条件,平

[①]《马克思恩格斯选集》第3卷.人民出版社1995年,第447页。
[②]《马克思恩格斯选集》第3卷.人民出版社1995年,第448页。

等也是完善社会主义市场经济体制的必然要求,平等更是实现社会公正的题中应有之义。

新一届党中央强调,"要让发展的成果惠及全体人民,使国企与民企平等地使用生产要素,公平、公正、公开地参与竞争;在公共服务上要实现平等交换,资源均衡配置;落实司法公正,使人民群众在每一个司法案件中都感受到公平正义;缩小收入差距,实现分配制度改革;在社会保障体制改革上增加平等、减少特权。"要在全面深化改革的道路上落实自由平等这一项核心价值观,首先要解决的就是必须要尊重最基本的人权,如生存权、发展权、民主权、公正审判权、弱势群体保护权。在中国古代,有些基本人权实际上已经有了较好的保障,有许多方面仍旧值得我们学习,中国古代的人格平等强调人具有共同属性,尊重人的基本权利,对人性保有一种敬畏的姿态;在形式平等上强调要打破固化的社会流动,使得有能者能获得更多的机会去结束不平等的待遇,通过主观的努力打破客观的社会地位;在实质平等上强调法治的精义在于全面守法,法律面前人人平等,任何人都不可以凌驾于道义与法律之上。这些朴素的平等观,在今天的"四个全面建设"总体目标之下,仍旧发挥着积极的作用。

三、公正:"不殊贵贱,一断于公"

在当代语境里公正的同义语是"公平正义"。中国有源远流长的"公正观",在中国语境中,"公正"是"公"与"正"的复合词。朱熹说:"公"是"体","正"是"公"之"用";惟有"公心",处事才能"无偏无党"、"无偏无颇",才能当于理、得之理,才能"正"。所正之"理",在古代是指"礼"以及合乎"礼"的一套行为规范。我们现在讲的"公正"可以界定为以"公"("公天下")为核心理念,以(普遍的)权利平等为基础,坚持公道,实现公平、正义,从而继承并发展传统"公正"观,并吸取西方"正义论"中如平等、权利的合理因素,既体现了现代性又兼具民族性。将社会层面的"公正"界定为"惟公然后能正",集中地体现了中国公正观的民族特色,也是中国传统公正观的优点。它首先要求执政者有"公天下"的观念,把天下人的冷暖疾苦装于胸中,这样其政策作为才有可能当于理,才有可能达致"正"。如果偏于一人一家或某一利益集团之私,那就不可能实现社会的公平正义。"必先公"是执政之要、为政之道,也是执政者的政治德性。因为唯有"公"才能尊重每个公民的权利,实现社会公正。不仅做到在法律面前人人平等、机会面前人人平等,而且努力减少结果的不平等,最终实现共同富裕。

公正是人类社会最古老的价值追求。早在古希腊时期,柏拉图就把公正视为理想政体的重要德性。公正亦是社会制度的最高价值。当代最著名的政治哲学家罗尔斯曾说,公正是社会制度的首要价值,如同真理是思想的首要价值。公正是一切统治者孜孜以求的价值目标。只有建立了公正的秩序,才能获得政权的合法性和正当性。公正也是所有人民最渴望的价值理想。只有在公正的社会中,人民才能各得其所、安居乐业。

公正是衡量一个社会的制度安排是否正当合理的重要标准。一个社会的公正,应当体现在经济、政治、法律等社会生活的各个领域、各个层次和各个方面。公正的核心是分配公正。依据政治哲学传统,公正的内涵在于"给予其所应得",马克思也曾指出,各种公平主张实际上是人们对现存分配形式与自身利益关系的价值判断。也就是说,社会公正最重要的内容,就是要对权利和义务进行合理分配,依据合理的尺度来分配权利和自由、权力和机会、收入和财富等社会资源。

公正是社会生活中实践性的问题。要实现社会公正,必先践履公正。对此,无论是官员还是百姓都责无旁贷。践履公正,也就是要讲公道。首先"干部办事要公道"。例如在认识和处理人际关系上,就要正确对待人情与公道的关系。正如习近平总书记所言,"做到既有人情味又按原则办,特别是当个人感情同党性原则、私人关系同人民利益相抵触时,必须毫不犹豫站稳党性立场,坚定不移维护人民利益"。讲"公道"还要求"舆论要主持公道"。新闻报道、时事评论、网络微信、民间舆论,都应担负起主持"公道"的社会责任。舆论要主持公道。公民在遇到利害矛盾时也都应依法行事、按理"出牌"。"公道自在人心",重要的是要让"公道"成为"人心",使"公道不公道,人人都知道"。这样,就会形成崇尚正义、追求正派、维护规则、遵守秩序、平等待人的社会氛围,从而使"公正"成为深入人心的价值理念。

公正的内涵是不断变化的。社会形态不同,对公正的理解不同。马克思主义认为,公正观念总是一定社会集团的公正观念,不存在永恒的、普适的公正,而一定集团的公正观念又是该集团现存经济关系的体现。恩格斯说,公正"始终只是现存经济关系在保守方面或其革命方面的观念化、神圣化的表现"。[①]希腊人和罗马人的公正观认为奴隶制度是公正的,资产阶级的公正观则要求废除封建制度。每个社会集团都是基于自身的经济关系和利益诉求来提出自身的公正理念。

社会主义公正是人类历史上最文明的公正。社会主义公正是基于最广大

[①]《马克思恩格斯选集》第3卷.人民出版社1995年,第212页。

人民群众根本利益提出的无产阶级公正理念,比资本主义的公正理念更具优越性。具体而言,社会主义的公正理念和公正目标包括以下层面和内容:第一,实行生产资料公有制,保证人民群众在生产资料占有上的公平和平等,从而保障社会利益分配的起点公正;实行按劳分配原则,以劳动作为统一的分配尺度,排除社会产品分配上的垄断和特权,从而保障社会利益分配的程序公正;以共同富裕为发展目标,使发展成果为全体人民所共享,从而保障社会利益分配的结果公正;坚持人民民主,尊重人民群众主体地位,使人民共同参与和管理国家事务,并依照体现人民意志和社会发展规律的法律治理国家,保障政治和法律的公正。第二,社会主义的公正坚持了以人为本。依据这种理念,社会主义社会的各项制度安排总是将最广大人民群众的根本利益作为出发点与目的,并在社会发展的过程中不断实现人民的愿望、满足人民的需要、维护人民的根本利益。社会主义公正比资本主义公正更具有广泛性和现实性。邓小平同志说过,"我们为社会主义奋斗,不但是因为社会主义有条件比资本主义更快地发展生产力,而且因为只有社会主义才能消除资本主义和其他剥削制度所必然产生的种种贪婪、腐败和不公正现象。"①在以往一切剥削和压迫制度下都不可能真正实现社会的公正。社会主义制度从根本上改变了无产阶级和广大劳动人民的命运,在实现社会平等和公平正义方面取得了巨大进步,这是社会主义制度优越性的集中体现。正是在这种意义上,公平正义是社会主义区别于资本主义的重要特征,也是社会主义核心价值观中的最为核心的价值。

四、法治:"礼法共治,德刑合一"

法在中国古代的语境中,指代一种专门用来描述工匠的技巧、方法、规矩,或者专门指控制社会行为的政治技术。因此,法在古人看来,又常常理解为"术"与"数",在法家看来,法的功能就是将国家强制力与国家机器设想为带有强制性质的范式(model),它是强加以便纠正偏离正轨的行为。但是在儒家看来,所谓的矩尺、圆规以及法度之类,并非是强加于人的样式,所谓"徒善不足以为政,徒法不能以自行"(《孟子·离娄上》)这并非是说,儒家特别强调礼法的二元分立,认为凭借武力制裁为基础的社会与凭借礼的精神、道德的凝聚力为基础的社会,两者构成了明显的二元对立。相反,作为一种规范体系,礼和法可以作为并列的价值存在,礼或者道德并不是先于刑罚或强制而存在的,而法家所有关于秩序与规则的主张,实际上也并不完全排斥道德的

---

① 《邓小平文选》第3卷. 人民出版社,1993年,第143页。

介入，法家所主张的秩序，绝对不是为了完全区别于礼的存在。相反，法家的主张实际上是一种在名义上不同于先秦儒家礼治图景的规则模式，所谓"礼法以时而定"就是这个意思。但是，儒家所憧憬的法治图景，则建构在矛盾的假设之中(overriding premises)，即儒家认为假如人民的行为完全受到一个客观又不变的刑法典的支配，那么统治者的统治合法性就会被削弱，人们受到统治者强制力的束缚，就不会再尊重贵族，贵族的正统地位就会动摇，"民在鼎矣，何以尊贵？贵何业之守？"(《左传·昭公二十九年》)此外，当人民一旦充分熟悉了法律条款之后，人民就会爆发出惊人的才能和对策以回避法律，这种才能和对策就是儒家所提倡的礼。

法治的落实是要把人们对法治的信念、法律的条文以及法律哲学的理路融入薪火相传的文明传统以及每一个中国人的血液之中，而不是要用载之于文本的具体法条去取代传统文化的德性基础。法家倡导的功利主义色彩，其目标是为了实现国家实力的提升，但是对于"仁"这一最大多数人的幸福的命题，并没有过多的关系，儒家提倡的仁慈的人治模式，过度地依赖人的中介力量，在塑造社会的过程中起着主导作用，认为这样的人类个体就可以实现社会政治秩序的最高规范，但是这样的理念又忽视了人的主观能动性需要通过客观的机制加以约束，否则就会从仁政变成暴政，从礼治走向混乱。因此传统的"礼法共治，德行合一"，强调的是一旦执行法典的人可以随意地运用他们本人的判断力将法典施于公众，就要强化对于法制运作的明确性与公开性的力度，以及对于执行法典的人的德行教育，而对于掌握国家公权力的人而言，要通过现代法治的思维去对这种手握国之重器的人加以制度的约束。作为社会主义核心价值观的法治，不仅仅只是要求民众遵守死板的法律条文，而是要将法治的精神和道德的伦理如同春风化雨一般滋润于民众的心灵之中，使得全民的法治文化能够达到"若饥而食，寒而衣，不令而自然"(《韩非子·安危》)的境地。正如习近平总书记所强调的："让人民群众感受到公平正义。"

第三节　社会主义核心价值观个人层面的传统文化底蕴

爱国、敬业、诚信、友善的价值准则,基于社会主义公民的道德规范。开展社会主义公民道德建设,大力倡导爱国守法、明礼诚信、团结友善、勤俭自强、敬业奉献的基本道德规范,遵守以文明礼貌、助人为乐、爱护公物、保护环境、遵纪守法为主要内容的社会公德,遵守以尊老爱幼、男女平等、夫妻和睦、勤俭持家、邻里团结为主要内容的家庭美德,在此基础上进一步提炼,就形成了公民个人层面的价值准则。爱国属于公民与国家关系的基本价值准则,敬业属于公民与职业关系的基本价值准则,诚信属于公民与社会关系的基本价值准则,友善属于公民与他人关系的基本价值准则。这四者的统一,就构成了公民信奉的核心价值观,成为公民的立身之本、成事之基。

一、爱国:"宅兹中国,心系天下"

在"何尊"的铭文中,就有记载"惟武王既克大邑商,则廷告于上天曰:'余其宅兹中国,自之辟民'"。可见,在西周初年,"中国"一词已经出现,在上民的想象图景中,"中国"既是一个地理的概念,也是一个趋于统治的整体概念。从"宅兹中国"的角度来看,中国传统民族国家的认同,凸显出强烈的国家领土与主权意识。与"中国"概念所不同的是,"天下"所要表达的是一种关于帝国理想图景与完美概念,有内外两个方面的理解。从外的理解就是所谓的"四海观",因"四夷"分布于"四海",所以"四夷"也称"四海","邦畿千里,维民所止,肇域彼四海"(《诗经·商颂·玄鸟》)、"九夷、八狄、七戎、六蛮谓之四海"(《尔雅·释地》)。从内的理解就是所谓的"九州观",即由九州地域构成的中国,"禹别九州,随山浚川,任土作贡"、"芒芒禹迹,画为九州"(《尚书·禹贡》)。所以"天下"概念的提出,是为了整合区域与人民,以达成一种世界一家的理想或乌托邦。《大学》有言,"古之欲明明德于天下者,先治其国。"可见古人认为,只有实际上维护了中华文化与民族的延续,才是真正的爱国精神和行为。而中华文化又是中华民族创造的,要维护中华文化的延续,必须实现中华民族的自立自强,所以对于中华民族的独立性的争取和维护就是爱国主义的具体体现。

从世界范围来看,近代以来,随着民族国家的形成,一国只有基于国民发自内心的认同和爱戴才能自立自强。从中国历史来看,以爱国主义为核心的"团结统一、爱好和平、勤劳勇敢、自强不息"的民族精神是中华民族得以薪火相传、历经磨难而屹立不倒的精神支柱。鸦片战争以来,中国人在内忧外患和成长建设中养成了植根于血脉之中的爱国传统,当国家遭遇外敌侵犯时,全体同胞奋起抗争,维护国家的独立和尊严。在今天的和平年代,爱国是一种深厚的家国情怀,爱国仍是公民的自觉意识,是实现中国梦的强大精神动力和重要价值源泉。

爱国就要走中国道路。在当代中国,爱国主义与社会主义本质上是统一的。社会主义制度的确立,巩固和发展了新民主主义革命的成果,为我国社会生产力的发展和社会进步提供了可靠的保证,集中体现着国家、民族、人民的根本利益。半个多世纪的社会主义建设,已经使我国改变了旧时代的落后面貌,成为一个初步繁荣昌盛的国家。社会主义是中国人民的历史选择,是中国走向现代化的必由之路。爱国需要自信。自信有本国特色的理论、道路和制度。否定自己国家的进步和成就,对有本民族特点的发展理论、发展道路和制度体系缺乏信心,必然会动摇对自己国家前途的自信,否定自己对民族的感情,从而走向爱国主义的反面。新中国成立以来、特别是改革开放以来,中国实现了高速的发展,取得了巨大的成就,而且这样的发展和成就,既不是照搬照抄苏联模式社会主义的理论、道路和制度的产物,也不是全盘西化、移植资本主义的理论、道路与制度的结果,而是独立自主地探索中国特色社会主义道路的结果。当西方都已经注意到借鉴中国发展理论、道路和制度的必要性的时候,我们如果还以西方社会的现状为标准来评判自己,便谈不上任何的民族自信,也谈不上真正的爱国主义。

二、敬业:"敬业乐群,惟精惟一"

敬业即"在其位,就要谋其政、行其权、尽其责",简单地说,就是要求每个人尽一切努力做好本职工作。它代表着一种职业品德、一份岗位责任,是每位工作者的"分内事"。它作为社会主义核心价值观之一,其在传统文化的发展中就有所体现:"主敬"是为古圣贤教人做人最简易、直捷的法门,所谓"温恭朝夕,执事有恪"(《诗·商颂·那》)。所谓的敬,是指在社会交往层面,做到畏惧、努力、认真、严肃、审慎、积极等态度。即《尚书·大禹谟》所说的"惟精惟一"。所谓"一"者,谓精专也,用心一也,专于一境也,不偏、不散、不杂、独不变也,道之用也。故君子执一而不失,人能一则心正,其气专精也。人贵取一也,就是要做到执中精一、平和专精、谦卑用一,此自然界不二法则。到了春秋时期,敬字则表现为一种人文主义精神,各家表述略有出入,如孔子谓敬为精一,老子谓敬为执一,管子谓敬为专一,庄子谓敬为贞一,又如荀子说,"凡百事之成也,必在敬之;其败也,必在慢之。"(《荀子·议兵》)"敬"是一切社会交往规则与人格修养最起码的标准,"经礼三百,曲礼三千,一言以蔽之,'毋不敬'"(《礼记·曲礼》)。《左传》则更认为,"敬"是社会秩序维持的主导性价值观,"敬,礼之舆也。不敬,则礼不行。"(《左传·僖公十一年》)礼以敬为主,敬是礼的核心,说明赋予他人社会存在感以优先的地位与价值,是人际关系和社会关系的一种认真诚实的态度。所谓"以敬临境"、"敬以约民",实际上都是在强调一种社会交往规则的"先设规则"。到了春秋之后,敬便与职业一词相联系,所谓"敬业者,专心致志,以事其业",是一种"发愤忘食、乐以忘忧,不知老之将至"、"鞠躬尽瘁死而后已"的状态。

朱熹十分推崇"持敬"这种工夫,他认为这是为学的纲领,也是万善之本,是治理国政的根本。程颐也说,"所谓敬者,主之一谓敬;所谓一者,无适(心不外向)之谓一"。用现在的话讲,凡做一件事,便忠于一件事,将全部精力集中到这事上头,一点不旁骛,便是敬。朱熹说:"敬业者,专心致志以事其业也;乐群者,乐于取益,以辅其仁也。"其中所谓"业",本义也许只是指学业,但也可以扩而大之,指敬其所从事的各种职业。这种敬业精神,对执业者来说尤其重要。"合抱之木,生于毫末;九层之台,起于累土;千里之行,始于足下"(《老子·第六十四章》),一切事情的最终成败都是由初心的"持敬"与否决定的。梁启超在《敬业与乐业》一文中就说,敬业与乐业乃是两个不同的状态,他认为,所谓的敬业就是"责任心",所谓的乐业就是"兴趣味",敬业乐群归根结底就是一句话,"凡职业都是有趣味的,只要你肯继续做下去,趣味自然会发生。"要想达到目标,使理想成为现实,积累是绝不可少的,而人们往往忽视这一点。

敬业,是道德价值系统在社会层面的彰显,所谓"敬者,德之聚也。能敬必有德。"敬业精神是人类美好道德情操的体现,它作为一种对自我的要求,从举止的"恭敬",外貌的"庄敬"再到内心的"居敬",无一不体现出一种道德的自我约束,这也正符合传统中国社会由内到外发散型的道德扩充机制。

对于当下而言,我们必须认识到,凡职业没有不是神圣的,所以凡职业没有不是可敬的。只要认真努力地去干,任何职业都是可敬的。从"敬业"再到"乐业",当人们努力投入工作,就能从中找到乐趣。所谓"知之者不如好之者,好之者不如乐之者",正说明人生能从自己职业中领略出趣味,生活才有价值。正如习近平总书记指出的,"辛勤劳动、诚实劳动、创造性劳动。""中国梦"的逻辑基础是人人可建自己的梦想,每一个人的梦想集合到国家与民族层面,就是"中国梦",但是知易行难,每一个人的梦想要实现,必须付诸笃行践履。社会主义核心价值观提倡敬业精神,是对改革精神的一种回应,改革不能只是停留在口头,中国梦的实现,要求每一个中国人都能够在各自的岗位上无私奉献,所谓术业有专攻,每一个行业每一个领域的创造都值得尊重,聚沙成塔,集腋成裘,透过这种"辛苦劳动、诚实劳动、创造性劳动",民族的复兴与国家的强盛才最终不是一个梦。

三、诚信:"诚者天道,言信行果"

中国古代有关于诚信的论述很多,比如"端悫诚信,拘守而详"(《荀子·修身》)、"诚信而喜之,奚伪焉"(《孟子·正义》)、"乡党之间观其诚信"(《逸周书·官人解》)、"诚信者,天下之结也"(《管子·枢言》)等。诚信乃是伦理规范与德性修养的重要目标与组成部分,对人的内心加以限制,是一种比成文法更优秀的道德约束规则;是一种社会契约的精神,能够对社会控制发挥积极的作用;诚信与政治道术相结合,是实现优化国家治理能力与实现国家认同的基础。

诚与信分属两个不同的系统,诚者属于天道,信者属于人道,故孟子说"诚者,天之道也,诚之者,人之道也"(《礼记·中庸》)。这句话有两层含义:第一,天道是绝对正确的,作为物而言,它包含着诚的根本属性,即《中庸》所说的,"天命之为性,率性之为道",性之所率,即诚之所发,亦天道之所在。"鬼神无常享,享于克诚"(《尚书·太甲》),鬼神之所享,乃天道之所在。即物之本末始终都有其本来的面貌,诚的本质就是实在的物质世界与自然界的客观规律,"夫诚者,实有者也,前有所始,后有所终也。实有者,天下之公有也,有目所共见,有耳所共闻也。"(《尚书引义·说命上》)因此它所展现的形式是绝对的"诚",故"诚者,物之终始,不诚无物"。第二,人道乃是对天道的拟制,"诚者,自成也。"(《礼记·中庸》),"诚者,毋自欺也。"(《大学·传第六章》)天道是无由自生而能生长万物,故谓之大一,而其自成,乃在于人,因此,人道的发扬必须参照天道的根本属性,故孟子又曰,"反身而诚,乐莫大焉"(《孟子·尽心章句上》)。人若思天之诚,故得人道之精义,即物之始恒为始,物之终恒为终,不矫揉造作,能慎独自处,与人交时,能信守天道与人道法则,此所谓信,故"亲亲、尊尊、长长、男女之有别,人道之大者也"(《礼记·丧服小记》),传统的伦理等级制度,其法统完全是建立在对诚的绝对正确的解读之上,舍此,则君不君,臣不臣,父不父,子不子,一切传统文化的根基也就会轰然坍塌。

人对天道之诚的发明,是所谓的仁、义、信、守之类,如荀子说,"君子养心莫善于诚,致诚则无它事矣,唯仁之为守,唯义之为行"(《荀子·不苟》),因此人道之诚归根结底也是一种涵养的功夫,是人的内心深处一种"仁守义行"的过程,君子只有诚其意,才能"富润屋,德润身,心广体胖"。人而能发挥诚意正心,则政治亦能清明,"夫诚者,君子之所守也,而政事之本也。"(《荀子·不苟》)人道的发挥就是信,诚之所发即信之所起,"诚,信也,从言成声"、"信,诚也,从人言。"董仲舒认为,所谓信,即"有所许诺,纤毫必偿,有所期约,时刻不易",是一种"常道"(《贤良对策》)。信可以说是古代士人修身的一项重要的德行,"人而不信,不知其可",孔子曾告诫弟子说,士有三类,"不辱君命,为国效力;孝悌兼备,乡邻模范;言信行果,千金一诺。"由此可见,诚信在中国古代既是天道的自然要求,也是人道的伦常体现。

"言必信,行必果"是社会道德与人格评判的最低标准。子贡曾问孔子何谓"士"。孔子回答说,首先要"行己有耻,使于四方",其次要为"宗族称孝,乡党称弟",最后才是"言必信,行必果",而所谓"言信行果"(《论语·子路》)。在孔子看来,是普通得连小孩子都懂得的道理,严格意义上来说,仅有此个性,还只能成为普通人,算不上"士"。由此可见,社会主义核心价值观将"诚信"纳入其中,也正是考虑到"诚信"乃是社会道德最低的底线,突破这个底线,个人就成为道德的罪犯,社会就是失序,国家也就会陷入混乱。

四、友善:"上善若水,仁者爱人"

友善是君子品性中的必要条件,"友"在甲骨文中像两只手,象征着朋友之间的援手,因此其本意是帮助。"善"由一个羊和一个言组成;羊是吉祥的代表,言是讲话,因此其本意是吉祥的话语。两者结合起来,直接的意思就是像朋友一样善良,寓意是互相帮助和互相祝福。互相帮助意味着在其他人处于困境时要助人为乐,互相祝福意味着在其他人取得成功时及时送上掌声和鲜花。"友善"作为社会主义核心价值观的基本概念,其意在于指认人际关系的和谐——人与人之间的亲密友好状态,对于具体的个人来说,那就是要有"与人为善"之举,"成人之美"之心。

友善的品质是社会文明进步的重要标志。历史唯物主义告诉我们,人是自然性和社会性的有机统一。人永远不可能完全摆脱自然性,但是人所具有的自然性与其他物种的自然性亦有本质的区别,也就是说即使自然性对人来说也是"社会化"了的。有些人总是喜欢拿人的所谓"自私自利本性"来说事,以至于得出"人对人是豺狼"的极端结论,解构人的友善之心,这是站不住脚的。中国古代思想家对友善有深刻的论述。如孔子的仁学思想,其本质上就是主张以友善的态度对待人。"仁者爱人","己所不欲勿施于人","夫仁者己欲立而立人,己欲达而达人。能近取譬,可谓仁之方也已"等说法,其共同之处都是善待他人。在优秀传统文化中,友善发生于个人修养,表现为如何对待他人的社会伦理实践。正是在人与动物之区分上,孟子界定了"人性"的内涵,他认为人是有道的,只讲吃穿住,则近于禽兽。例如,在说明嫂溺应该援之以手的时候,孟子特别强调说,"嫂溺不援,是豺狼也"。尽管嫂溺援手已经超出了友善的范畴,但更为重要的是,孟子实际上将人与人之间的冷漠相待看成是动物性表现。对人来说,"恻隐之心,人皆有之",善待他人,礼遇他人,才是符合人性的要求。

"友善"源自人们对于善的价值追求。古希腊哲学家亚里士多德把友爱分为善的友爱、有用的友爱和快乐的友爱三种,认为善的友爱才是稳定、持久,值得人们追求的。在这一意义上,"友善"意味着人们对于他人的自我道德投射,即发现他人与自我的道德相似性。对他人的"友善"本质上是对于他所具备的优秀品质的推崇。就此而言,"友善"的发生基于人们对于美德的追求。在我国的传统文化中,"友善"也表现出了与亚里士多德相似的内涵。孔子提出"仁者爱人",孟子则强调与人为善,其内涵都在于以善为原则帮助成就他人。因此,"友善"不是建立人际关系的技巧,而是人际之间为了实现善价值的相互促进和帮助。作为公民道德规范的友善,本质上是指友好善良的公民伦理关系和公民秩序。

人是社会的人,社会是人结成的社会。人只有在社会中才能求生存求发展,一个人离开了社会不仅寸步难行甚至死路一条。但是就是人们须臾不可离开的社会,又给我们带来无数烦恼。凡有人群的地方必有矛盾;凡有交往必有冲突。如何化解矛盾、缓和冲突?友善的品德起了润滑剂的作用。友善是人的本质的要求,友善能够营造良好的社会氛围,友善能够优化人际关系,友善有助于改善社会不良风气,友善有助于凝聚社会力量。今天的中国,已经逐渐走向世界舞台的中央,我们要构建人类命运共同体,友善既是中国传统优秀文化的重要组成部分,也是社会主义核心价值观在个人层面的重要体现。

综上所述,"爱国、敬业、诚信、友善",是公民基本道德规范,是从个人行为层面对社会主义核心价值观基本理念的凝练。它覆盖社会道德生活的各个领域,是公民必须恪守的基本道德准则,也是评价公民道德行为选择的基本价值标准。爱国是基于个人对自己祖国依赖关系的深厚情感,也是调节个人与祖国关系的行为准则。它同社会主义紧密结合在一起,要求人们以振兴中华为己任,促进民族团结、维护祖国统一、自觉报效祖国。敬业是对公民职业行为准则的价值评价,要求公民忠于职守,克己奉公,服务人民,服务社会,充分体现了社会主义职业精神。诚信即诚实守信,是人类社会千百年传承下来的道德传统,也是社会主义道德建设的重点内容,它强调诚实劳动、信守承诺、诚恳待人。友善强调公民之间应互相尊重、互相关心、互相帮助,和睦友好,努力形成社会主义的新型人际关系。

第三章 社会主义核心价值观与意识形态建设

社会主义核心价值观是社会主义意识形态的本质体现。与其他社会形态的价值观念相比，社会主义核心价值观有着自身鲜明的属性和根本的特征。培育、弘扬、践行社会主义核心价值观必须不断推进马克思主义中国化，不断推进习近平新时代中国特色社会主义思想深入人心，牢牢掌握社会主义意识形态领导权、管理权、话语权。

第一节 培育和弘扬社会主义核心价值观，推进马克思主义中国化、时代化、大众化

继承和弘扬马克思主义价值观，深入研究马克思主义价值观的理论内涵、精神实质和思想主旨，是推进马克思主义价值观的中国化，弘扬和培育社会主义核心价值观的关键环节。

一、培育和弘扬社会主义核心价值观，推进马克思主义中国化

1.培育和弘扬社会主义核心价值观，是推进马克思主义中国化的本质要求

马克思主义依托于人类的美好价值诉求，平等、自由、幸福、和谐和自身全面发展是人们对未来美好生活的无限向往。马克思主义中国化发展的开端是为了实现近代中国国富民强的社会目标，这既是民族问题也是时代问题。马克思主义中国化理论成果为中国革命建设、社会结构变革等社会活动的开展提供了科学的理论指导，形成具有中国特色的社会主义核心价值观，这些

价值色彩都是马克思主义中国化发展的价值旨归的表现。人类的自由、平等和全面发展离不开民族和时代的发展,中国马克思主义时代化的发展逻辑就是马克思主义对人类自由、平等、全面发展的逻辑旨归,这就要求我们在思索马克思主义中国化应然逻辑的同时,还要重视对马克思主义的民族性和时代性的深入研究。

马克思认为,一切划时代特征的思想理论体系内容都是通过产生这些体系的时代发展需求而产生的,因此,不是一成不变的特征是马克思主义时代化发展的基本前提,也是推进马克思主义时代化发展的必然选择。理论不会自动发展,但时代却在不断前进,马克思主义理论内容和精神要想不被时代抛弃,就不能一成不变,紧跟时代前进的步伐,不断更新内容,秉承切实维护广大人民利益的基本原则。中国马克思主义时代化发展过程就是马克思主义理论、马克思主义中国化理论最新成果和时代精神相结合的建构过程。

从理论发展过程来看,马克思主义中国化是反对教条化形式发展的,是一门科学性和革命性相结合的实践哲学。从实践发展过程来看,中国马克思主义的发展是马克思主义基本理论从书斋向时代深入发展的转变,是在实践的反复检验中保留下来的最体现事物本质的部分。马克思主义中国化最新理论成果表明,只有走理论和实践相结合的道路,才能更好地推进马克思主义中国化和时代化的进程。马克思主义中国化就是中国马克思主义在理论和实践方面的创新诉求。只有在继承的基础上发展创新,在不断质疑中反思,马克思主义才会继续向前发展。

2.培育和弘扬社会主义核心价值观要厘清马克思主义价值观的内涵

解决影响当代中国价值观念传承与变革的重大理论和现实问题,必须以马克思主义的思想渊源和学理基础为根本指导和基本遵循。社会主义核心价值观是中国特色社会主义的价值观,也是马克思主义的价值观在当代中国历史实践中生动具体的展现。弄清楚马克思主义的核心价值观,在理论前提和思想内涵上做出明确界定,科学阐释社会主义核心价值观与资本主义价值观念的本质区别,体现社会主义的制度属性和优越性,这是培育和弘扬社会主义核心价值观的基础性环节和关键性前提。从国家意识形态层面来把握,中国特色社会主义核心价值观的理论基础是马克思主义,是以科学社会主义和共产主义为价值取向和价值目标的,是以中华优秀传统文化为底蕴,以中国特色社会主义为实践基础的。因此,弘扬和培育社会主义核心价值观,要彰显中国风格、中国气派,体现中国特色,必须立足自身的文化底色,弘扬中华优秀传统文化,契合广大人民群众的语言习惯和思维逻辑,但前提是要坚持马克思主义、科学社会主义的本色。

马克思主义对于人类的价值理想的关注是始终贯穿于整个思想理论体系的核心问题。人的彻底解放和全面而自由的发展成为马克思主义最终极、最根本的价值理想。价值观无疑是马克思主义的重要组成部分。我们在强调马克思主义的指导地位之时,既要关注其作为世界观、方法论的作用,也要看到其作为一种价值体系的意义。真理问题固然是前提和基础,而价值问题才是核心和根本,价值问题绝不可忽视。价值观问题应当成为马克思主义及其哲学研究的一个重心和生长点。

推进马克思主义中国化,要从马克思主义的世界观、方法论来阐释、化解中国问题。马克思主义的价值观从价值内核上规定了社会主义制度的灵魂和立场。社会主义制度是马克思主义价值观实现的根本保障。社会主义革命、建设与改革就是要通过社会实践及制度设计将马克思主义对于未来社会的价值理想、价值追求从观念形态向生动现实转变。中国特色社会主义则是马克思主义关于人类社会制度的价值目标、价值原则同中国人民伟大实践中追求的价值理想相结合的成果,是中国共产党凝聚全民族思想共识作出的价值判断。社会主义核心价值观吸收、借鉴、容纳了人类共同追求的先进、科学、合理的价值观念,是在马克思主义指导下对价值观念的丰富发展和时代创新,反映了中国共产党善于吸收人类优秀文化成果,与时俱进丰富、发展马克思主义价值观的理论自信和理论自觉。社会主义核心价值观从价值内涵上反映社会主义的本质属性,就需要更加充分、准确、到位地从马克思主义的经典论述和基本原理中对社会主义本质属性的思想内涵和价值追求进行精准、到位、科学的提炼和阐释,明确社会主义超越、扬弃封建主义和资本主义的最关键、最核心、最根本的精神灵魂和思想要义,体现社会主义制度的优越性,彰显社会主义意识形态本质。将马克思主义中蕴涵的丰富、深邃的价值观思想系统地梳理出来,使其内蕴的价值立场、价值追求、价值准则和价值理念更加具体、生动地凸显出来,具有更加坚实的思想基础和理论支撑,明确其所涵摄的精神要义和本质要求,才能从根本上明确社会主义在价值层面上的目标追求、评判原则、实践标准。

3. 培育和弘扬社会主义核心价值观要立足发挥马克思主义价值观的时代导引作用

社会主义核心价值观要真正发挥效用,就必须立足现实,融入实践,回应重大社会现实问题。诚如马克思所言:光是思想力求成为现实是不够的,现实本身应当力求趋向思想。现实趋向思想,就意味着马克思主义的价值观念对于中国特色社会主义伟大实践具有科学的指导和引领作用。任何一个社会的价值体系都包含着多种价值体系交流、交锋,相互渗透、相互借鉴的过程。要在社会思潮和价值观念的多变中把方向、多元中立主导、多样中谋共识,就必须有一种高势位的价值观来发挥"主心骨"的统摄、引领作用。尤其是处于不同性质社会制度中具有不同文化背景的价值主体之间的价值观之间的渗透与反渗透日益加剧,为文化软实力竞争的主战场、主阵地。

新时期,我们要防止和抵御所谓"普世价值"的侵蚀,最为关键的是要用马克思主义的价值观来强化全民族的共同信念,补足精神之钙。马克思主义价值观是在与资本主义价值观的斗争中发展并不断成熟起来的,它吸收了资本主义的合理思想因素,但又站立在无产阶级立场上,扬弃和超越了其内在的腐朽、落后的观念,克服了历史与阶级的局限性,充实了反映人类进步要求和先进追求的理念,因而,它是一种比资本主义价值观更具科学性的"高势位"的价值观,它顺应人类社会发展进步的客观规律,反映无产阶级的利益诉求,其价值理想的科学性、价值主体的广泛性、价值规范的合理性,是任何一种剥削阶级价值观所无法比拟的,在内容上更加具有说服力、亲和力和感召力,是抵制资本主义价值观侵蚀的最有效、最科学的免疫剂。因而,在厘清本源的基础上,充分阐释马克思主义价值观的内涵和实质,发挥其对社会主义核心价值观的导引作用,显得十分紧迫且重要。

培育和弘扬社会主义核心价值观,对于中国特色社会主义而言,是一个关系长治久安,永续发展的凝魂聚气、强基固本的基础工程,也是一次推进马克思主义中国化、大众化、时代化生动具体的实践。对于作为文化的核心内容,价值观承载着民族精神的精华和传统文化的基因,同时,又具有超越现实的导向性、激励性功能,在承继历史、立足现实中指向未来。因此,推动马克思主义价值观中国化,把马克思主义价值观与当代中国实际需要结合起来,使之对当代中国发展中面临的问题做出科学的价值阐释和价值导引,既要用历史的目光去探寻继承什么、怎样继承,也要以现实的需求来思索倡导什么、怎样倡导,还要从未来的视野来审视发展什么、怎样发展。坚持和发展中国特色社会主义,就要勇于面对并不断回应和破解当今时代和历史任务为我们提出的各种问题,分析其背后的价值难题,澄清各种价值困惑,化解价值认同上的挑战。从马克思主义价值观的视角来理解和审视当前发展中遇到的一系列不可回避的紧要性、战略性问题,归根到底都要价值观上铸造出能够引领各种社会思潮的"主心骨",为广大人民群众辨明是非、澄清善恶,提供可供遵循的价值准则和可供追求的价值目标,从而为中国特色社会主义固本强基、凝魂聚气。在新的历史条件下,要批判什么样的价值观点,弘扬什么样的传统文化因子,充实哪些时代精神,都立基于对马克思主义立场观点方法的运用,都以对马克思主义价值观科学内涵和精神实质的准确阐释和正确理解为前提。

二、培育和弘扬社会主义核心价值观,推进马克思主义时代化

马克思主义的价值观要在中国真正发挥作用,达到日用而不觉的境界,就必须在结合上做好文章,在"融"字上下功夫。既要融入广大人民群众火热生活实践中,形成有利于社会主义核心价值观落细、落小、落实社会情境和思想氛围;还要与时俱进地融入时代元素、文化基因、科学理性,利益诉求,营造有利于增进广大人民群众对社会主义核心价值观认知认同的思想文化氛围,从文化传统、思维方式、心理情感上贴近、回应人民的精神需求。

1. 体现时代特征

作为意识形态的灵魂,任何时期的价值观都要体现时代特征,丰富时代内涵。科学先进的价值观是时代精神的精华,对时代特征的生动写照,用社会主义核心价值观回应现实问题,引领当代社会思潮,必须着眼于新时期中国实践的发展与创新,正视时代条件变化,把握时代脉搏跳动,反映当今时代的思想精华。马克思主义中国化必须立足中国实际,这个中国实际作为时代为我们提供的背景、条件和环境而存在,也作为时代为我们提出的问题、任务而存在。归结到一句话,那就是时代特征成为最具体、最实在的实际,影响着马克思主义中国化的进程。社会主义核心价值观具有时代性品格,才能充分发挥精神旗帜的引领和凝聚的作用。价值观有先进与落后的差别,符合时代进步潮流的先进价值观发挥思想引领的作用。社会主义核心价值观体现时代特色,与时代特征高度契合,反映时代精神,把马克思主义的立场、观点、方法同时代主题、时代任务和日新月异的社会实践发展相结合,赋予其符合时代要求的新内涵新诠释,倡导先进的价值理念,对当今时代中国面临的重大理论和现实问题做出符合中国实际的价值阐释与导引,才会形成中国特色。

2. 切中文化的时代脉搏

价值观本是一种社会意识,属于文化范畴,任何一种价值观都因为有特定的文化渊源而彰显出不同的气质和品质。我们也必须深刻地认识到,任何一个民族都是在传承优秀传统文化中养成自身的价值观念、道德风貌和精神品格的,因此像中华民族这样一个历史悠久、文化积淀深厚的民族,其核心价值观不可能由任何一种外来文化来重塑,必须高度重视民族文化的主体性,把世代传承的优秀文化基因作为基本的价值资源和精神滋养,在马克思主义的指导下,遵循文化发展的历史规律和传承逻辑,适应时代发展潮流实现现代性的转化和创造性发展,从而通过特有的文化基因、思想印记、人文内涵、历史底蕴来展现社会主义核心价值观的中国特色。这种创造性转化、创新性发展是马克思主义之魂指导下的理念深化、观念提升,它绝不是中华传统文化的简单回归,更不是对现代文化的纯粹借鉴,而是以马克思主义价值观的"本色"来创造性地转化中国优秀传统文化价值观的"底色",使之形成符合时代需求和中国实际的,具有强大的吸引力、凝聚力和亲切感的"特色"社会主义核心价值观。换而言之,切中中国的文化血脉,把握滋养中华民族的文化土壤,其真正意义就在于,要从思维习惯、文化传统上贴近人民群众的"生活世界",形成有利于弘扬社会主义核心价值观的社会氛围。

3.与同时代的科学理性相结合

价值观的形成和培育要以坚持真理为前提,没有真理性的认识,就不能形成正确的价值观。历史唯物主义的创立,使得马克思主义价值观建立在科学的基础之上,并开辟了其实现的现实路径,使之成为最符合历史发展规律、最顺应社会发展趋势、最能体现人类主体利益需求的价值观,因此,它也是最科学、最先进、最值得追求的价值观,体现了真理性与价值性的辩证统一、有机结合。只有高度体现规律性与目的性、社会发展与人的发展、科学理性和实践理性的辩证统一,才会具有理论的科学性和彻底性,才可能在最大限度上让人信服、认同和信仰。科学理性是人类认识世界、改造世界的一种认识能力、思维能力、实践能力,也是认识价值观念、培育价值观念所不可或缺的能力。科学性、真理性是评判一种价值观是否能顺应时代发展进步潮流的根本标准,也从根本上影响着社会主义核心价值观引领作用的发挥。任何社会的发展都需要科学理性与人文价值的双重导向、双轮驱动,建立在实践基础之上的社会主义核心价值观,在科学理性的指引下才能确立其符合社会发展规律、反映社会主义本质属性、合乎中国特色社会主义历史逻辑的价值尺度,使之符合马克思主义价值学说的基本理据和根本原则,彰显真理性力量,体现先进性要求、广泛性特征、包容性品质,符合无产阶级的价值追求和广大人民群众的热切期待,并更具有引领力、感召力和创造力,成为联结全社会全民族的精神纽带。因而培育社会主义核心价值观,既要深入挖掘马克思主义价值观中的人文内涵,也要倡导科学精神,崇尚理性思维,做到科学原则与价值原则有机统一,合规律性与合目的性的有机统一,促使广大人民群众掌握马克思主义的科学的价值思维方法,时刻以符合人民的利益和国家发展要求的价值尺度来评判自身一切价值选择的合理性,形成把个人价值实现融入社会价值中去的价值自觉。

4.反映人民的时代利益诉求

马克思主义的价值观是反映无产阶级根本利益需求的价值观，社会主义核心价值观在广大人民群众推进的中国特色社会主义伟大实践中形成和发展，因而，从根本上说，是广大人民群众这一社会实践主体力量对象化的产物。从实质上而言，社会主义核心价值观就是广大人民群众利益诉求在价值观念上的体现与反映，代表了人民群众的利益，是作为一种价值客体来满足价值主体需要的精神产品。价值观念反映利益诉求，才能接地气，通人心，引发共鸣，产生共识，赢得认可。利益是人从事任何社会实践的根本动力，人们所追求的一切价值，都从利益出发。利益在价值中具有根本性、决定性的作用，离开利益，谈价值观，不可能入脑，更无法入心。马克思主义价值观能否真正地中国化，社会主义核心价值观能否得到最大程度的认同，不只在其逻辑的严密、词语的华丽，也不仅仅因为其具有科学性，最为关键的是能否以及在多大程度上代表并反映他们的利益诉求。社会主义核心价值观要转化为人民自觉的追求，内化为自己的思想意识体系，外化为自己的行为，关键的就是要与他们内心的利益诉求结合在一起。培育社会主义核心价值观，关键要把虚功实做，国家、社会的整体利益与个人利益有效地整合起来，克服重义务轻权利的倾向，在尊重价值主体的合理合法性需求基础上，找准现实利益在思想观念上的切入点，满足人们对幸福生活的心理渴望和精神诉求，使广大人民群众真正领会个人梦想实现寓于社会主义核心价值观的真谛，为他们树立共同的价值标杆和相对公正公平的价值评判标准，激发他们内心的价值认同，形成当前中国社会价值观的"最大公约数"。

三、培育和践行社会主义核心价值观，推进马克思主义大众化

随着改革的深入，社会转型全面展开，人们的价值观由单一到多样、由传统到现代、由困惑到自觉、由解构走向整合，原有的话语体系被打乱，新语境纷争呈现。因此在新的历史时期，要全面深化改革，推进依法治国，不断取得新成效、新突破，为建成小康社会提供不竭的动力支撑，就要将社会主义核心价值观的传播与当代中国马克思主义大众化实践密切联系在一起，将其作为社会主义意识形态的灵魂与主体，引导广大共产党员和领导干部坚定"心中有党，心中有民，心中有责，心中有戒"的信念，在模范践行社会主义核心价值观活动中大力推动当代中国马克思主义大众化。

1.充分利用现代传播媒介，打造立体、现代、高效的传播途径

从理论到群众，从群众到理论的双向循环运动是当代中国马克思主义大

众化与社会主义核心价值观的共同特点,其运行模式可以用图式"理论—群众—理论"来表达。在这个运行途径中,必须重视理论与群众实践相结合的环节,才能使得理论大众化实践活动更富有自觉性、主动性和创造性。传播途径科学分析现代传播规律是打造当代中国马克思主义大众化与社会主义核心价值观的前提。传统的理论普及与宣传方式主要依赖报刊、广播、电视、讲坛等,接受者没有选择权,只能被动接受。传播者和接受者很少有机会产生互动交流,关于理论宣传的效果如何等相关信息无法及时反馈给传播者。随着互联网的普及,现代传播方式展现出了与以往传统传播方式截然不同的规律和特点。只有科学分析这些规律和特点,才能适应新时代、新环境,顺利推进社会主义核心价值观传播与当代中国马克思主义大众化。

在社会主义核心价值观与当代中国马克思主义传播过程中,必须充分重视表达形式的通俗化、立体化、多样化和理论受众的具体特点,采取灵活多样的宣传形式。而且,在发掘现代传播媒体潜力的同时,也要运用现代媒体技术对传统传播形式进行改造,使之更适合当代中国马克思主义大众化的实践。传统传播方式与现代传播方式即新媒体的有机结合,是夯实当代马克思主义与社会主义核心价值观传播途径的基础。夯实社会主义核心价值观和当代中国马克思主义传播的基础,理论才能有生命力,才能深深地扎根在中国的土壤里,深入人心。因此,要积极利用多种媒介形式传播当代中国马克思主义,就必须要加强传统传播途径与现代传播途径即新媒体的多方合作,这是巩固并拓展马克思主义宣传阵地的需要。首先,要积极采用新媒体的外壳来装载当代中国马克思主义与社会主义核心价值观的内容。新媒体具有互动性强和覆盖面广的特点,是进行理论传播的最佳平台。近年来,党和国家充分重视互联网在舆论传播中的作用,加快了宣传的互联网阵地建设,如开设人民网、新华网等门户网站,并设立多个马克思主义专题网站,成立中央网络电视台作为官方话语平台,在手机互联网平台上建立马克思主义宣传的门户网站和共产党员微信公众号,积极推动各地党委政府建立网络门户等等,有效地提高了在新媒体领域的马克思主义话语权。其次,增强传统传播方式的互动性和立体化表达。在马克思主义传统传播方式中引入现代媒体特征,不再拘泥于单纯的理论说教,注重在学校课堂教育、报刊、电视等方式上的互动性和立体化表达。

2.着眼于老百姓喜闻乐见的方式,实现从主流文化向大众文化的转化

大众文化是随着市场经济发展起来的市民文化,是以信息技术和大众传媒技术为支撑,按市场规律运作的,旨在满足普通市民感性愉悦的文化,如电

影、电视、流行音乐、网络文化等形态。因为大众文化是以市民的需求为导向，并随时根据大众的需求变化而变化，采用了多媒体立体化的表达方式，具有和市民的天然联系，容易得到认可。社会主义核心价值观与当代中国马克思主义的理论接受者是广大群众，他们首先是市民社会的构成分子，深受大众文化影响。因此，要广泛宣传社会主义核心价值观，全面推进当代中国马克思主义大众化，就必须着眼于老百姓喜闻乐见的方式，从主流文化向大众文化转化，否则就会在和非马克思主义意识形态的斗争中失去主战场优势，这是现代传播规律所决定的。而要实现这种转化，就要破除政府行政力和学术影响力在大众文化上的迷茫，放弃"主流文化比大众文化高尚"和"大众文化是低俗文化"的错误思想，摆脱对权力依赖的习惯思维，接好地气，走进群众，将社会主义核心价值观和当代中国马克思主义深深地扎根在人民大众的心中。提高应对能力，合理引导社会主义核心价值观与当代中国马克思主义传播过程中的社会思潮多元化。

不仅社会主义核心价值观与当代中国马克思主义可以利用现代媒体进行传播，各种非马克思主义甚至反马克思主义的社会思潮也会在现代媒体上广泛存在。因此，要在现代传播环境中使社会主义核心价值观与当代中国马克思主义得到更多人的信仰与青睐，就要把对中国梦、核心价值观、当代中国马克思主义大众化的传播结合起来，使其成为广大人民群众的美好愿景和希望，也成为中华民族共同团结奋斗的心声。坚持"公平、公正、公开"原则，强化信息互动平台建设，增强信息透明度。现代传媒的一个突出特点就在于信息传播的快捷性。在平面媒体时代，消息在全社会得到传播通常以周甚至月为计算单位；在电子媒体时代，通常以天为计算单位；在现代新媒体时代，则是以分甚至秒为计算单位。这种快捷性对社会主义核心价值观与当代中国马克思主义的传播而言，一方面带来了高效的传播速度，另一方面也对信息的准确性和透明性提出了更高的要求。一个错误的或者含混不清的消息也会被很快传播，直接影响到大众对社会主义核心价值观与马克思主义理论的整体印象。因此，要坚持"公平、公正、公开"原则，减少不确定因素，强化互动信息平台建设，保证信息通畅、反馈及时，让每一位受众都清清楚楚、明明白白。当代中国马克思主义即中国特色社会主义理论体系大多是以党的路线、方针和政策的形式出现在大众面前，这就要求提高决策本身和决策过程的科学性。一方面要保证决策的科学性、确定性和透明度，给大众一个清晰的印象，有助于对当代中国马克思主义的正确理解；另一方面要注重政策的效果反馈和及时矫正，保证政策的连贯性。这是在现代传媒环境下必须要重视的环节。

3.关注民生,改善民生,实现价值取向与大众目标的辩证统一

要让社会主义核心价值观与当代中国马克思主义获得人民大众认可,确保其在我国社会意识形态领域的主导地位,要始终将社会效益、人民利益放在首位,切实做好顶层设计,激发全民族的创造活力。理论要能够代表和反映人民群众的利益诉求,坚持解决思想问题与解决实际问题相结合,研究群众的利益和需求,解决民众所关心的问题。马克思主义理论的品格特征决定了当代中国马克思主义的价值取向和大众化的目标之间存在着天然的一致性。然而,由于历史的原因,一些结构性的矛盾尚未解决,又产生了新的社会问题,工人和农民阶级作为人民群众的主体,在法理上当家作主的政治、经济地位同在利益分配和社会分层中还处在相对弱势地位的矛盾等问题,使得中国特色社会主义理论体系与大众目标实现或是价值取向之间还存在着理论和实践相脱节的问题。因此,深入调查研究,认真了解人民群众的呼声与诉求,找到能够为百姓排忧解难的良策,是每一位共产党人义不容辞的职责。只有这样,才能将核心价值观落到实处,当代中国马克思主义即中国特色社会主义理论体系才能被大众化。正确分析和对待人民群众的利益和需求,是理论价值取向和大众化目标在实践中取得一致的切入点。

党的"五位一体"的总体布局,是总揽国内外大局、贯彻落实科学发展观,实现中国梦的一个新部署。充分体现了中国共产党坚持与时俱进,科学执政,全心全意为人民服务的社会主义核心价值观与当代中国马克思主义的价值取向在实践中的根本一致。关注民生、改善民生,是实现理论价值取向和大众化目标在实践中一致性的最直接、最有效的途径。"风清则气正,气正则心齐,心齐则事成。"民生,就是"柴米油盐酱醋茶",就是百姓家里的衣食住行、生老病死。这是老百姓最基本的现实物质基础,也是人民群众对我们的工作是否满意的标准。为广大的人民群众谋福利、办实事不是挂在嘴边的一句空话,而是能够真正落到实处,使绝大多数群众受益,凝聚党心民心、形成推动改革发展强大的正能量的具体体现。关注民生,改善民生,是为人民群众"鼓"与"呼",及时聆听他们的诉求、解决他们疾苦的好办法,也是实现理论价值取向和大众化目标在实践中一致性的最有效途径。当前社会的矛盾和问题集中反映在收入分配差距过大,教育、医疗卫生等公共服务质量差,社会管理严重滞后以及束缚人的自由发展等方面。这些问题的存在引发了一系列社会问题,特别是收入分配差距过大使社会分层加剧,激化不同阶层之间的矛盾,导致了一些人动摇社会主义理想信念。由民生问题所引发的社会矛盾若不能得到及时解决,必然会降低当代中国马克思主义大众化的实际效果。因此,关注和改善民生是解决社会矛盾,稳定和增强人民大众社会主义理想信念的关键所在,也是实现理论价值取向和大众化目标在实践中一致性的有效途径。

第二节 培育和践行社会主义核心价值观,推进习近平新时代中国特色社会主义思想深入人心

习近平新时代中国特色社会主义思想有着丰富的内涵和实践要求,为我们做好新时代中国特色社会主义意识形态工作和建设社会主义文化强国,指明了前进方向和提供了根本遵循。

一、新时代中国特色社会主义思想的重大意义

社会主义核心价值观是当代中国精神的集中体现,凝结着全体人民共同的价值追求。党的十八大以来,以习近平同志为核心的党中央高度重视社会主义核心价值观建设,采取一系列重大举措,推动社会主义核心价值观广泛弘扬。面对新时代新要求,面对新征程新任务,持续深入地培育和践行社会主义核心价值观,意义重大而深远。

培育和践行社会主义核心价值观是新时代坚持和发展中国特色社会主义的重大任务。中国特色社会主义是改革开放以来党的全部理论和实践的主题。经过近40年探索实践,中国特色社会主义的外延不断拓展,布局日益完善,内涵更加丰富。无论是作为一条道路、一个理论体系,还是作为一种制度、一种文化,中国特色社会主义都需要有一套与其经济基础和政治制度相适应并能形成广泛社会共识的核心价值观。社会主义核心价值观的鲜明提出和广泛实践,使我们对中国特色社会主义的认识,从思想理论、实践运动、社会制度层面,进一步发展到价值理念层面。现在,中国特色社会主义进入了新时代,我国发展处于新的历史方位,只有把培育和践行社会主义核心价值观作为一项既具基础性内在性又具目标性规定性的重大任务来认识、来落实,才能增强人们的道路自信、理论自信、制度自信、文化自信,确保中国特色社

会主义始终沿着正确方向胜利前进,不断展现出更加强大的生命力。

培育和践行社会主义核心价值观是进行伟大斗争、建设伟大工程、推进伟大事业、实现伟大梦想的铸魂工程。党的十九大报告系统阐述了新时代中国共产党的历史使命,鲜明提出进行伟大斗争、建设伟大工程、推进伟大事业、实现伟大梦想。这"四个伟大",彰显着目标的宏伟、前景的壮阔、历程的艰辛、使命的光荣。习近平总书记指出,核心价值观是一个民族赖以维系的精神纽带,是一个国家共同的道德基础。伟大斗争需要众志成城,伟大工程需要坚定一致,伟大事业需要聚力推进,伟大梦想需要同心共筑,这就要求我们激发全体人民的信心和热情,凝聚起团结奋进的强大力量。深培厚植、广泛践行体现社会主义本质要求、传承中华优秀传统文化、凝结时代精神和广泛共识的社会主义核心价值观,就一定能够铸牢理想信念、坚守价值追求、聚合磅礴之力,让我们在前进道路上越走越坚定、越走越自信,以一往无前的奋斗姿态胜利抵达光辉的彼岸。

培育和践行社会主义核心价值观是在世界文化激荡中保持民族精神独立、挺起民族精神脊梁的战略支撑。当今世界正处于大发展大变革大调整时期,各种观念碰撞激荡不断加剧,各种文化交流交融交锋日益频繁。特别是一些西方国家利用长期积累的经济科技优势和话语强势,对外推销以所谓"普世价值"为内核的思想文化,企图诱导人们"以西为美""唯西是从",淡化乃至放弃对本民族精神文化的认同。党的十九大报告强调,文化是一个国家、一个民族的灵魂,文化自信是一个国家、一个民族发展中更基本、更深沉、更持久的力量。价值观是文化最深层的内核,价值观自信是文化自信最本质的体现。中国独特的文化传统、独特的历史命运、独特的基本国情,注定我们必然坚守根植于中华文化沃土又具有当代中国特色的价值观。只有持续培育和践行社会主义核心价值观,大力传承和延续中华民族思想精髓、精神基因、文化血脉,才能更好构筑中国精神、中国价值、中国力量,使中华民族以更加昂扬的姿态屹立于世界民族之林。

二、新时代中国特色社会主义思想是培育和践行社会主义核心价值观的根本遵循

社会主义核心价值观是我们党团结带领人民在开创和发展中国特色社会主义的伟大实践中形成的,是中国特色社会主义的价值表达,是党的理论创新成果的重要内容。党的十八大以来,以习近平同志为核心的党中央紧紧围绕新时代坚持和发展什么样的中国特色社会主义、怎样坚持和发展中国特色社会主义这个重大时代课题,以全新的视野深化对共产党执政规律、社会主义建设规律、人类社会发展规律的认识,进行艰辛理论探索,取得重大理论创新成果,创立了习近平新时代中国特色社会主义思想,开辟了马克思主义新境界,开辟了中国特色社会主义新境界,开辟了治国理政、管党治党新境界,实现了马克思主义中国化新的飞跃,为新时代坚持和发展中国特色社会主义、推进党和国家各项事业提供了根本遵循。

党的十九大把习近平新时代中国特色社会主义思想确立为党必须长期坚持的指导思想,是一个具有重大政治意义、理论意义、实践意义的历史性决策和历史性贡献。习近平新时代中国特色社会主义思想,从理论和实践结合上系统回答了新时代坚持和发展中国特色社会主义的总目标、总任务、总体布局、战略布局和发展方向、发展方式、发展动力、战略步骤、外部条件、政治保证等基本问题,提出了一系列具有开创性意义的新理念新思想新战略。这一思想,是对马克思列宁主义、毛泽东思想、邓小平理论、"三个代表"重要思想、科学发展观的继承和发展,是马克思主义中国化最新成果,是党和人民实践经验和集体智慧的结晶,是中国特色社会主义理论体系的重要组成部分,是全党全国人民为实现中华民族伟大复兴而奋斗的行动指南,必须长期坚持并不断发展。学习领会和贯彻落实党的十九大精神,第一位的是学习好、宣传好、贯彻好习近平新时代中国特色社会主义思想。宣传思想文化战线要通过全面准确、广泛深入的学习宣传,引导人们深刻认识确立习近平新时代中国特色社会主义思想历史地位的重大意义,深刻认识习近平新时代中国特色社会主义思想的科学体系、精神实质、实践要求,深刻认识习近平总书记在创立新时代中国特色社会主义思想中的决定性作用、决定性贡献,把思想和行动统一到党的十九大精神上来,增强忠诚核心、维护核心的政治自觉思想自觉行动自觉。

坚持社会主义核心价值体系,推进社会主义核心价值观建设,必须坚定自觉地以习近平新时代中国特色社会主义思想为指导。要把习近平新时代中国特色社会主义思想作为主心骨、定盘星、度量衡,贯彻到培育和践行社会主义核心价值观全过程、各方面,切实增强干部群众的政治认同、思想认同、情感认同,不断巩固马克思主义在意识形态领域的指导地位、巩固全党全国人民团结奋斗的共同思想基础。要全面贯彻落实党的十九大提出的新任务新要求,深入研究新情况新问题,科学提出新思路新对策,着力增强社会主义核心价值观建设的针对性实效性。

新时代中国特色社会主义思想就是从理论和实践结合上系统回答新时代坚持和发展什么样的中国特色社会主义、怎样坚持和发展中国特色社会主义这个重大时代课题。要深刻领会和全面落实新时代中国特色社会主义思想,必须做到十四个坚持,其中第七个坚持就是坚持社会主义核心价值体系。习近平总书记强调这十四个坚持是新时代坚持和发展中国特色社会主义的基本方略,全党必须准确理解和全面贯彻。习近平总书记指出:"必须坚持马克思主义,牢固树立共产主义远大理想和中国特色社会主义共同理想,培育和践行社会主义核心价值观,不断增强意识形态领域主导权和话语权,推动中华优秀传统文化创造性转化、创新性发展,继承革命文化,发展社会主义先进文化,不忘本来、吸收外来、面向未来,更好构筑中国精神、中国价值、中国力量,为人民提供精神指引。"习近平总书记指明了坚持社会主义核心价值体系的目的是增强中国特色社会主义文化自信,更好构筑中国精神、中国价值、中国力量,为人民提供精神指引。坚持和发展中国特色社会主义是党的十八大以来我们党全部理论和实践的主题,而做好这个主题的前提是坚定中国特色社会主义道路自信、理论自信、制度自信、文化自信。坚定这四个自信,是习近平新时代中国特色社会主义思想的重要内容。

  习近平总书记强调要坚持马克思主义指导思想,牢固树立共产主义远大理想和中国特色社会主义共同理想。在党的十九大报告中,习近平总书记强调坚持社会主义核心价值体系,同样强调了远大理想和共同理想相结合。社会主义核心价值观是社会主义核心价值体系在中国特色社会主义新时代的主要表现,自从党的十八大提出积极培育和践行社会主义核心价值观命题以来,习近平总书记对做好这个命题作了系列重要讲话,党中央对做好这个命题作了系列部署。在十九大报告中,习近平总书记强调坚持社会主义核心价值体系,必须培育和践行社会主义核心价值观,并认为这将不断增强意识形态领域主导权和话语权,因为社会主义核心价值观包括理想、精神、道德规范等,抓住社会主义核心价值观建设这个牛鼻子,就等于抓住了人们思想的引导力和社会思潮的主导力。要建设好新时代中国特色社会主义文化,创造性转化和创新性发展优秀传统文化,继承革命文化,发展社会主义先进文化。文化是坚持社会主义核心价值体系的根基和最深厚土壤,做好新时代中国特色社会主义文化建设必须在弘扬传统文化、继承革命文化、发展社会主义先进文化三方面发力。

  三、新时代中国特色社会主义思想是培育和践行社会主义核心价值观的首要任务

  党的十九大报告中,习近平总书记明确提出培育和践行社会主义核心价值观要以培养担当民族复兴大任的时代新人为着眼点。共产党人的初心和使命,就是为中国人民谋幸福,为中华民族谋复兴。现在,我们比历史上任何时候都更接近中华民族伟大复兴的目标,比历史上任何时候都更有信心、有能力实现这个目标。因此,我们培育和践行社会主义核心价值观的目标不管叫什么,都不能离开实现中华民族伟大复兴这个初心和使命。培养担当民族复兴大任的时代新人,最终都要落实到能否担当民族复兴大任这个当前最伟大最现实的实践考验当中去。

习近平总书记深刻认识到培育、弘扬与践行核心价值观的重大意义,高瞻远瞩地设计了核心价值观的培育与践行工程,使中国化的马克思主义的理想信念更富有实践性、现实性,是对马克思主义意识形态理论及其中国化系列理论成果的实践创新。习近平总书记指出,如何培育和践行社会主义核心价值观,一是要强化教育、实践、制度三方面作用,使社会主义核心价值观融入经济社会发展和教育文化法治各方面,转化为人们的情感认同和行为习惯。二是要全民行动、干部带头,从家庭做起,从娃娃抓起。三是充分发挥中华优秀传统文化的涵养和支撑作用。培育和弘扬社会主义核心价值观必须立足于中华优秀传统文化,这是培育和弘扬社会主义核心价值观的根本。只有对民族历史优秀传统文化认真汲取、取其精华、继承创新,才能更好开辟未来。中华优秀传统文化有着丰厚的、值得现代转换与创造性发展的思想资源,这是我们的文化基因,也是我们价值观念滋养不竭的源泉。如果数典忘祖,忘记历史就是割断优秀传统文化的滋养,我们的思维方式、价值观念就会断裂无根,成为漂浮不定的无根无魂的文化奴隶。为此,意识形态理论相关工作者要深入挖掘、认真研究、广泛传播传统文化,各级各类学校要广泛开展优秀传统文化教育工作。

习近平总书记指出,要切实把社会主义核心价值观贯穿于社会生活方方面面。要在社会生活各领域广泛开展社会主义核心价值观的宣传教育,形成浓厚的育人、熏陶人文化氛围,使其无处不在,让人们在实践中养成核心价值观念,内化为人们自觉地精神追求,外化到人们的普遍的自觉的行动中去。各级党员干部首先必须率先垂范,成为学习、宣传、实践核心价值观的榜样,以此引领带动全社会践行核心价值观;核心价值观的培育还要从娃娃和学校抓起,把青少年儿童作为培育核心价值观的重点,把学校作为培育核心价值观的窗口。除了以对核心价值观的正面宣传之外,还要敢于、勇于、善于同错误的价值观念展开斗争,以正视听。价值观的培育、发挥作用,一定要密切融入人民社会日常生活的微观领域,要在落细、落下、落实上下功夫,使其像空气一样无所不在、无时不有。同时,要综合运用经济、政治、文化等各种手段培育核心价值观。

第三节 培育和践行社会主义核心价值观，牢牢把握社会主义意识形态领导权、管理权、话语权

习近平总书记指出："必须把意识形态工作的领导权、管理权、话语权牢牢掌握在手中，任何时候都不能旁落，否则就要犯无可挽回的历史性错误。"当前，我国正处在快速发展期、社会转型期和改革攻坚期，意识形态领域面临错综复杂的形势，要求我们必须不断强化意识形态工作，巩固和发展主流意识形态。

一、深刻认识社会主义意识形态领导权、管理权、话语权的极端重要性

意识形态是在一个国家和社会占统治地位的统治阶级的系统化、理论化的思想价值体系。意识形态领导权就是要通过"非暴力"的方式，在各种意识形态的竞争中得到广大人民群众普遍认可和赞同，并自觉转化为人们的政治践行。作为现代国家权力的重要组成部分，切实实现和维护意识形态领导权，是推动党和国家事业持续健康发展的基本前提，是统一社会各阶层思想与行为、凝心聚力的重要方法途径。习近平总书记曾明确指出："意识形态工作是党的一项极端重要的工作。能否做好意识形态工作，事关党的前途命运，事关国家长治久安，事关民族凝聚力和向心力。"近年来，西方敌对势力通过多元文化与网络传播资产阶级意识形态，不断进行"和平演变"，对我国社会主义意识形态领导权产生了极大的冲击。如何进一步加强社会主义意识形态建设，牢牢把握意识形态领导权管理权话语权，是国家不容忽视的重大精神工程项目。

习近平总书记在党的十九大报告中指出，新时代中国特色社会主义思想，是马克思主义中国化最新成果；发展中国特色社会主义文化，就是以马克思主义为指导，牢牢掌握意识形态工作领导权。这一论断，旗帜鲜明地指明了马克思主义在意识形态领域的指导地位，强调了党对意识形态工作的领导作用，巩固了全党全社会思想上的团结统一。意识形态工作事关旗帜和道路，事关贯彻落实党的理论和路线方针政策，事关顺利推进党和国家各项事业，

事关党和国家前途命运。以习近平同志为核心的党中央，站在党和国家全局高度，对意识形态工作高度重视，作出了一系列重要战略部署，为做好新形势下意识形态工作指明了方向、确立了原则、提供了遵循。

二、新的时代背景下意识形态领导权建设面临新的挑战

在新的历史时期，我国社会主义意识形态领导权正面临着巨大的国内外挑战。一方面，西方敌对势力不断增强对我国经济、社会、文化等各方面的意识形态渗透；另一方面，各种非马克思主义意识形态通过先进的现代信息传播工具"肆意"传播，极大地消解了我国主流意识形态的引导力与凝聚力。

1.西方意识形态的不断渗透降低了马克思主义意识形态的认同度

西方发达国家尤其是美国，通过利用西方思想文化话语体系，直接攻击我国主流意识形态；或变相输出价值观，对青年的思想施加影响；或是借助现代化的信息传播体系插手国内问题，否定中国共产党的领导。以美国为首的西方资本主义国家一方面在全球化的过程中输出资本，抢占世界市场；另一方面在输出他们的文化，攻占意识形态阵地。西方发达国家积极利用各种新媒体，如美国利用Twitter、Facebook、Google 和 YouTube 等工具在全世界渗透资本主义意识形态，影响网民对社会主义意识形态的接受和认同。当今，以美国为首的西方资本主义国家不遗余力地对社会主义意识形态进行渗透与攻击，频频抛出"普世价值观""无政府主义"等言论，尤其是通过网络、微信等信息工具输送西方文化，在很大程度上弱化了人们对马克思主义意识形态的认同度，使得社会主义意识形态话语权受到极大削弱。

2.西方社会思潮的侵蚀弱化了马克思主义意识形态的权威性

当前，多种思潮风起云涌，西方国家坚持所谓的"普世价值论"，肆意推进思想意识平等性，实质上是在全球宣扬和鼓吹意识形态全球化。这种错误思潮在我国社会显得异常活跃，不仅污染着人民大众的心灵，且袭扰了我国主流思想文化阵地，侵蚀着党领导全国人民实现中国梦的共同思想基础。如"新自由主义就鼓吹社会主义意识形态过时论，并散布'意识形态的终结'，其根本目的就是社会主义意识形态已经不再令人信服，西方的自由民主思想已经深入人心"。当前，我国正处于改革的深水期、攻坚期，人们的思想意识、价值认知容易受到各种社会思潮的影响，因而常常会感到政治信仰迷茫，政治意志薄弱，从而出现质疑甚至诋毁马克思主义，漠视党的意识形态领导权的现象。总的来说，各种非马克思主义和反马克思主义的思想大肆传播，将侵蚀马克思主义在我国意识形态领域的主导地位，弱化马克思主义意识形态的权威性与功能作用。

3. 网络空间非马克思主义意识形态正在消解马克思主义意识形态引导力与凝聚力

互联网早已成为各种思想文化、价值观念和意识形态自由竞争的空间。网络自身开放性、无中心性和多元化的传播特性使网络思潮相互激荡,导致人们价值选择与道德取向的多样化。"网络空间的文化冲突及话语权争夺实质上是国家意识形态之间的竞争。"网络化导致马克思主义大众化面临的意识形态环境更加复杂;网络化对马克思主义大众化的传播方法和手段提出了挑战。网络信息的泛滥、网络技术的异化、网络舆论的蔓延等多重网络力量对党的意识形态领导构成威胁。中国特色社会主义意识形态面临的挑战主要是媒介全球化使马克思主义信仰建构受到冲击,使社会主义文化认同受到侵蚀,使国家主权意识受到消解。互联网时代,信息大爆炸,信息高效传播,各种思想观念交融、交流、交锋,影响着党的意识形态领导力,正在打破意识形态的原有格局和影响机制;网络"去中心化""碎片化""娱乐化""匿名性"等特征消解了主流意识形态的引导力与凝聚力;网络舆论导向调控变得难以驾驭,极大减弱了意识形态内容信息的控制力与感染力,加大了意识形态管理与引导工作的难度与强度。

三、牢牢把握社会主义意识形态领导权、管理权、话语权

习近平总书记强调,要认真贯彻新时代党的建设总要求,把政治建设摆在首位,坚定执行党的政治路线,严格遵守政治纪律和政治规矩,确保各项宣传思想文化工作在政治立场、政治方向、政治原则、政治道路上同以习近平同志为核心的党中央保持高度一致;要强化思想建设,坚定理想信念,自觉做共产主义远大理想和中国特色社会主义共同理想的坚定信仰者和忠实实践者;要加强作风建设,适应新形势下群众工作新特点新要求,深入做好组织群众、宣传群众、教育群众、服务群众工作,始终保持同人民群众的血肉联系,把党性和人民性相统一落到实处;要建设高素质专业化宣传思想文化干部队伍,培育更多更优秀的宣传思想文化人才。

1. 坚持党对意识形态的领导

坚持党对意识形态的领导,是中国革命与社会主义建设的重要基础和致胜法宝。任何一个阶级如果不在掌握政权的同时对意识形态国家机器并在这套机器中行使其领导权的话,那么它的政权就不会持久。习近平指出,宣传思想工作就是要巩固马克思主义在意识形态领域的指导地位,巩固全党全国人民团结奋斗的共同思想基础。各级党员领导干部要时刻注重加强对马克思主义理论的学习,切实提高理论素养,加强经常性的党性教育,提升党的意识形

态领导权。意识形态领导权是文化领导权的核心。牢牢掌握社会主义意识形态领导权就是从根本上掌握了社会主义文化领导权。因此,我们要不断发展社会主义先进文化,提升社会主义先进文化的凝聚力、吸引力、感召力,同时坚持文化"走出去"战略,进而提高党的意识形态的国际话语权。

2.加强马克思主义意识形态领导权、管理权、话语权的理论研究

恩格斯指出:"我们的理论是发展着的理论,而不是必须背得滚瓜烂熟并机械地加以重复的教条。"党的意识形态领导权要被广大人民群众认同和接受的一个前提条件就是其自身具有理性权威,即意识形态理论体系具有权威的说服力。怎样才能建构有说服力的理论体系呢?那就要不断地创新党的意识形态理论体系。不断推进理论研究是马克思主义与时俱进理论品质的内在要求,也是开拓意识形态工作新局面的迫切要求。新时期,意识形态领导权面临着巨大挑战,马克思主义理论绝不能停留在原有的基础之上,而必须丰富、创新和发展,并用发展着的马克思主义理论指导新的社会实践。马克思、恩格斯关于意识形态领导权实现机制的思想提示我们,在社会主义市场经济的新实践中增强社会主义意识形态领导权,必须更加重视意识形态领导权的理论体系研究。

加强我国社会主义意识形态领导权建设的路径首先就要与时俱进地丰富和发展社会主义意识形态,增强其理论说服力和影响力。我国社会主义意识形态的理论创新既要根植于马克思主义经典学说,从中汲取养分,又要把握时代特点和客观情况的变化,与时俱进;同时,理论研究需要充分与党情、国情相结合,与社会主义现代化建设进程相契合;要善于将人民群众在社会实践中创造的新鲜经验上升为理论,并将理论语言内容转化为贴近民众的意识形态传播话语。通过各种方式将意识形态话语权学术话语体系转化成大众话语,避免党的意识形态研究话语与教育内容体系、文化传播内容体系相脱节。

3.创新意识形态领导权、管理权、话语权的实现方法

习近平指出,思想宣传工作者要"通过学校教育、理论研究、历史研究、影视作品、文学作品等多种方式,加强爱国主义、集体主义、社会主义教育,引导我国人民树立和坚持正确的历史观、民族观、国家观、文化观,增强做中国人的骨气和底气"。要巩固社会主义意识形态领导权,发挥其意识形态引领功能,需要不断创新思想政治宣传方式,创新意识形态传播方式。为使人民群众易于且乐于接受马克思主义意识形态,思想政治教育工作者必须转变以往居高临下的灌输式说教方式和生硬呆板的宣传方式,创新意识形态理论内

容的表达方式,尤其要加强对新媒体技术的应用。具有新闻舆论和社会动员功能的信息传播方式,诸如"两微一端"等新媒体应用都需要纳入意识形态传播方法创新范畴。同时,需要注重理论与实践结合,善于使用群众熟悉的语言和喜闻乐见的方式,把晦涩难懂的理论文字变成通俗易懂的大众话语,着力将党的意识形态渗透到各类文化产品(尤其是网络文化产品)的生产和传播中,进而增强宣传文化工作的亲和力、感染力,让人们在寓教于乐中接受社会主义意识形态的感染与激励。

切实提高思想政治工作者的理论素养。建立高素质的思想政治教育队伍是做好意识形态传播工作的关键环节,也是加强党的思想政治理论宣传的中心工作。

各级党委必须以坚定的政治信仰和扎实的业务工作能力为标准,建立一支广泛分布于各部门、各行业的意识形态宣传队伍。同时"实现党的意识形态领导权需要培养具有良好媒介素养的宣传人才队伍,特别是'意见领袖'新型人才群体"。

提升思想政治工作者的理论素养,需要我们坚持不懈地用中国特色社会主义理论体系武装自己的头脑,努力提高运用马克思主义立场观点方法分析问题、解决问题的能力,驾驭复杂局面和应对突发事件的能力,辨别错误思潮的能力,提升识别与抵御西方敌对势力"西化""渗透"图谋的能力,提高抵御腐化堕落奢靡之风的能力。同时,要提升各级领导干部的网络媒介素养,培养思想政治工作者网络舆情掌握与引导能力,增强社会主义意识形态的网络传播能力与影响力。

坚持意识形态一元主导与多元共生。统治阶级的思想在每一个时代都是占统治地位的思想。习近平指出,要维护世界文明多样性,尊重各国各民族文明,正确进行文明学习借鉴。在任何一个国家、一个民族,多种意识形态互相竞争是必然现象。中国特色社会主义国家也同样如此。当今,我国各种社会思潮相互汇集碰撞,争相夺取意识形态领导权战略高地,在与西方资本主义相比较的过程中,中国特色社会主义的最大优势应该通过它的核心价值观念来体现。在展现可持续发展的魅力方面,只有坚持社会主义核心价值观,中国特色社会主义才能具有最坚实的道德合理性基础。因而,我们必须始终坚持四项基本原则,坚持马克思主义在意识形态领域的指导地位,坚持培育社会主义核心价值观,着力将其意识形态内化为坚定的政治信念与崇高的价值追求,外化于规范的道德行为与自觉行动。同时,"加强党对意识形态的领导,必须反对思想、文化专制,在坚持指导思想'一元化'前提下提倡多样性",在与世界文明交相辉映中取长补短,在继承发扬我国优秀传统文化的基础上大胆地"引进来""走出去",积极批判吸收有利于我国发展进步的世界文明,大力推进实现中国梦。

加强舆论引导能力。网络时代是知识大爆炸、信息快速传播的时代,引导信息舆论至关重要。习近平总书记指出:"要把握好舆论引导的时、度、效。要引导人们全面客观认识当代中国、看待外部世界,增强中国特色社会主义道路自信、理论自信、制度自信。"同时,"媒体融合"已成为当今中国媒体事业发展的"主旋律"和"关键词",需要积极推动传统媒体和新兴媒体的融合发展。传统媒体要积极主动适应网络社会的发展要求,增强宣传文化工作的亲和力、感染力,让人们在寓教于乐中接受社会主义意识形态的感染与激励。

构建制度保障机制。维护党的意识形态领导权,需要健全网络舆论宣传机制,疏导网民社会心理危机;构建信息技术保障机制,推动传统媒体和新兴媒体融合发展;健全网络法治建设,推进网络空间法治化;建设网络思想政治教育队伍,培养网络"有机知识分子"及网络意见领袖;创新对外宣传方式,提升意识形态的国际传播能力,传播好"中国声音"。首先,要加强网络空间法治化建设。针对网络社会的特点,尽快完善网络空间的相关法律法规,做到有法可依;执法过程中要加强网络执法与法律监督,扫除互联网执法的盲区,保证法律监管无"死角",坚决维护网络法治尊严,提升网络违法的"违法成本",加大各种网络犯罪的惩处力度。其次,要加强对"两微一端"及各类自媒体的法治与行政监管,构建"绿色、安全、和谐"的网络空间,有效防止不良网络文化的渗透。再次,要大力借鉴与引进西方网络技术监控的先进经验,积极研发网络安全新技术。最后,要加大思想政治教育工作的社会资本投入,保障思想政治教育工作有序开展的必要资金和人力保障。

第四章 社会主义核心价值观与当代中国精神

习近平总书记在党的十九大报告中指出,要培育和践行社会主义核心价值观。要以培养担当民族复兴大任的时代新人为着眼点,强化教育引导、实践养成、制度保障,发挥社会主义核心价值观对国民教育、精神文明创建、精神文化产品创作生产传播的引领作用,把社会主义核心价值观融入社会发展各方面,转化为人们的情感认同和行为习惯。

社会主义核心价值观,承载着13多亿人民的精神追求,体现着一个社会评价是非曲直的价值标准,具有强大的道义力量、真理力量。价值观自信是保持民族精神独立性的重要支撑,核心价值观的导向作用、引领作用发挥得越好,就越能更好地凝聚实现中国梦的强大力量。价值观自信,是对价值追求的高度认同和信仰。人类社会发展的历史表明,如果一个民族、一个国家没有共同的核心价值观,缺乏价值观自信,就会失去赖以维系的精神纽带,失去共同的思想道德基础,难免陷于莫衷一是、行无依归的境地,进而影响到社会和谐稳定、国家长治久安。

第一节 社会主义核心价值观是当代中国精神的集中体现

党的十九大报告指出:"社会主义核心价值观是当代中国精神的集中体现,凝结着全体人民共同的价值追求。"精神是文化的内核,狭义的文化即精神文化。价值观是文化的核心,是精神的根和魂,"核心价值观,承载着一个民族、一个国家的精神追求，体现着一个社会评判是非曲直的价值标准。"

社会主义核心价值观是指社会主义国家在马克思主义理论的指导下，在社会主义实践过程中形成并发展起来的，与社会主义政治、经济、文化和社会制度相适应的，起主导作用的价值观念，是社会主义的价值表达。习近平总书记曾明确指出，"当代中国价值观念，就是中国特色社会主义价值观念，代表了中国先进文化的前进方向"，回答的是"在当代中国，我们的民族、我们的国家应该坚持什么样的核心价值观"这一重大理论与实践问题。

何谓中国精神？在2013年的第十二届全国人民代表大会第一次会议上，习近平总书记从实现"中华民族伟大复兴中国梦"的视角，首次提出了"中国精神"的概念，"实现中国梦必须弘扬中国精神，这就是以爱国主义为核心的民族精神，以改革创新为核心的时代精神。这种精神是凝心聚力的兴国之魂、强国之魂"。可见，我们表达中国精神的时候，就内在地包括了民族文化的历史传承、时代精神的精华、当代中国人的精神面貌、精神气质、心理结构等内容。也就是说，中国精神是将个体性、国家性与民族性融为一体的概念，它把民族精神中的文化特性与国家精神中的政治特性、社会特性结合起来，蕴含着个体的思维特性和国家的价值导向。

一、中国精神的基本内涵

中国精神是贯穿于中国历史、表现为中华文明的精神体系和风格气象，具有凝聚民族、鼓舞人民的功能。在中国文联十大、中国作协九大开幕式上习近平总书记指出，中华民族精神，既体现在中国人民的奋斗历程和奋斗业绩中，体现在中国人民的精神生活和精神世界中，也反映在几千年来中华民族产生的一切优秀作品中，反映在我国一切文学家、艺术家的杰出创造活动中。在当代中国，社会主义核心价值观是当代中国精神的集中体现，是凝聚中国力量的思想道德基础。党的十八大提出，倡导富强、民主、文明、和谐，倡导自由、平等、公正、法治，倡导爱国、敬业、诚信、友善，积极培育和践行社会主义核心价值观。社会主义核心价值观具有综合的特点，一方面继承传统中国精神的优秀成分，另一个方面也借鉴了人类文明共同元素，同时还反映了当代改革开放的精神特征。这是中国精神在当代非常典型的体现，表现了中国精神融汇百家独成一体的特征和开放通达的气象。这为从各方面凝聚力量、感召人心提供思想基础。可以说，社会主义核心价值观是对当代中国精神的精简总结和概要表达。

1. 以爱国主义为核心的民族精神

民族精神是中国精神的主要内容和重要组成部分。民族精神是一个民族在长期共同生活和社会实践中形成的,为本民族大多数成员所认同的价值取向、思维方式、道德规范、精神气质的总和,反映了一个民族的心理特征、文化传统和精神风貌,是一个民族赖以生存和发展的精神支柱。在五千年的发展历程中,中华民族形成了以爱国主义为核心的团结统一、爱好和平、勤劳勇敢、自强不息的伟大的民族精神。民族精神深深影响了一代又一代的中华儿女,是中华民族凝聚力、生命力、创造力的精神来源。

爱国主义是民族精神的核心,而民族精神和时代精神是中国精神的核心,因此可以说爱国主义是构成中国精神的核心部分。爱国主义是中华民族最深厚的思想传统,深深地融入了中华民族的民族意识、民族性格和民族气概,成为各族人民团结奋进的强大精神支柱。五千多年来,正是依靠爱国主义所激发出来的强大的凝聚力和战斗力,使得中华民族能够历经磨难、饱经风霜而顽强不屈。中国自古以来就有着爱国主义的优良传统,中国的社会结构是家国同构的模式,传统社会长幼有序,尊卑有别,君君臣臣父父子子的伦理纲常深入人心,因而忠孝自古以来就是传统社会倡导的主流价值,在家要孝顺父母,在上要忠于国家。天下是一家,我们既要热爱小家,也要热爱国家。这样的儒家文化塑造了许许多多可歌可泣的人格精神,涌现出一批又一批忠心为国的先贤志士。有上下求索、虽九死而未悔的屈原,有鞠躬尽瘁、死而后已的诸葛亮,有先天下之忧而忧、后天下之乐而乐的范仲淹,有精忠报国的岳飞,有人生自古谁无死、留取丹心照汗青的文天祥,有天下兴亡、匹夫有责的顾炎武,有苟利国家生死以、岂因祸福避趋之的林则徐等等。爱国主义精神世代相传,到了血雨腥风的近代中国,为救亡图存而成立的中国共产党带领中国人民不畏强暴,不惧艰难险阻,争取民族独立和人民解放,在艰苦的斗争实践中形成了伟大的井冈山精神、延安精神、西柏坡精神等许多革命传统精神,在革命战争时期将爱国主义精神发扬光大。在改革和建设时期,中国人民继续保持一股精气神为建设社会主义新中国而努力奋斗,在追求国家富强人民幸福的进程中形成了抗美援朝精神,两弹一星精神,大庆精神,抗洪救灾精神等等,这些精神是新时期爱国主义的精神的延续与发展。从爱国主义的历史发展中我们可以看出,不同时期的爱国主义有着不同的内容,但是其共同特点是把国家的命运和个人的价值、个人的生命和民族的兴衰融为一体。在当代中国,爱国主义和社会主义紧密地联系在一起,统一于建设中国特色社会主义,实现中华民族伟大复兴的历史进程中,是动员和鼓舞中国人民团结奋斗的一面旗帜,是整合民族精神资源、推动我国社会发展的巨大力量,是全国各族人民共同的精神支柱。

团结统一精神也是中华民族优秀的精神财富,它根植于中华大地,深刻地存在于中国人的民族意识中,是中华民族的立身之本。中华民族是一个多民族的国家,自古以来经历了分分合合的诸多磨难,但统一的时期多于分裂时期,究其原因就是因为中华民族具有高度一致的整体感、责任感和国家利益至上的价值取向。中华民族自古以来就不是一个只重个人利益的民族,无论是倡导天人合一的整体主义,还是注重血缘关系的宗族团体主义,自强不息的中华儿女都不仅仅只为了一己私利,而是追求修身、齐家、治国、平天下,个人修养的目标最终落在了家、国、天下至上。中国古人早已领悟到团结精神和国家利益的重要性,并逐渐演化为中国人行为方式的鲜明特征。荀子有言:"和则一,则多力,力多则强,强则胜物。争则乱,离则弱,弱则不能胜物",便是强调团结的重要性。中国人的团结精神有其深刻的思想基础,如"义利之辨","君子喻于义,小人喻于利",经过历史上各家各派的长期争论,重义轻利的观念深入人心。"义"讲的是大义,指群体的公利,而利讲的是一己私利。中国人的团结是通过国之大义、公之大道来连接的,所谓"大道之行也,天下为公,选贤与能,讲信修睦。故人不独亲其亲,不独子其子,使老者有所终,壮者有所用,幼者有所长,矜、寡、孤、独、废疾者皆有所养……"。自古以来,中国人就明辨个人与集体的关系、小我与大我的关系,把集体利益、国家利益放在个人利益之上。这一精神在近现代中国表现得特别淋漓尽致,在民族危难的时刻,中华儿女紧密团结在一起救亡图存,置个人生死度外,为国家的独立富强抛头颅洒热血,在两万五千里长征路上发挥善于团结,顾全大局的集体主义精神,突破万难,保证了革命事业从弱小到强大的精神力量。在新的历史时期,正是借着这种团结精神,中国人克服了改革开放以来的各种艰难险阻,走上了一条具有中国特色的社会主义道路。在实现中华民族伟大复兴的中国梦的征程上,只要中国人民同心同德,心往一处想,力往一处使,中国特色社会主义事业就必然能取得胜利。

自强不息的进取精神是中国人民和中华民族所具有的独立自主、奋发向上、不断进取的精神品质,是中国精神的脊梁。自强不息的精神是贯穿于中国历史发展进程中,激励着中华民族不断勇敢前行,同时也展现出中国人民顽强不屈的意志品质和积极向上的人生态度。"天行健,君子以自强不息","刚健而文明,应乎天而顺乎人",《易传》对于刚健有为、自强不息的思想的阐述深入人心,不仅对知识分子产生了深刻影响,也对一般民众产生了强烈的激励作用。在孟子看来,这种奋斗的精神是一种浩然之气,他认为"善养吾浩然之气"便能"富贵不能淫,贫贱不能移,威武不能屈"。这对后来的中国人养成刚健自强、不屈不挠的性格产生了深远影响。屈原的"路漫漫其修远兮,吾将上下而求索"的坚定信念、"愚公移山"吃苦耐劳与坚韧不拔,诸葛亮的"鞠躬尽瘁,死而后已"都是这种精神的生动诠释。尤其是近代以来救亡图存的革命中自强不息精神得到了最广泛的传承,孙中山的"吾志所向,一往无前,愈挫愈勇,再接再厉",周恩来的"为中华之崛起而读书",到后来在革命中形成的"独立自主、勇往直前"的长征精神,社会主义建设时期涌现出的"自力更生、艰苦奋斗、勇于攀登"的"两弹一星"精神,"艰苦奋斗,知难而进"的创业精神,"万众一心、不怕困难、顽强拼搏"的抗洪精神等是自强不息精神在不同时期的体现。自强不息精神是中华民族世代相传、生生不息的力量,是中国人民战胜各种苦难不断取得胜利的重要保证。正是依靠这种精神,中华民族才能够在落后挨打的情况下争取到民族的独立、人民的解放和国家的富强,特别是改革开放以来,中国经济有了突飞猛进的发展,取得举世瞩目的成就。而未来我们也将依靠着这种精神凝聚力量、催人奋进以实现中华民族伟大复兴的中国梦。

2. 以改革创新为核心的时代精神

时代精神反映的是社会发展某一阶段的时代需求,是在社会实践过程中形成的为社会成员广泛认同的文化观念和价值追求,具有鲜明的时代特征和时代内涵,彰显了时代的主旋律,影响着社会发展的方向。改革开放以来,在建设中国特色社会主义现代化国家的伟大实践中,形成了以改革创新为核心的时代精神,它是中华民族精神的时代升华,为马克思主义理论注入了新的活力,其基本内容可以概括为,求真务实、改革创新、国富民强,三个方面统一于中华民族伟大复兴的实践过程中。

"求真务实是辩证唯物主义和历史唯物主义一以贯之的科学精神,是我们党的思想路线的核心内容,也是党的优良传统和共产党人应该具备的政治品格,是党的各项事业不断取得新胜利的根本保证。"求真务实的精神是促进民族发展的动力,能够升华我们国人的思想境界,加深我们对事物不断发展的认识,使我们多角度地考虑、看待和解决问题。所谓求真务实,就是指把握和遵循规律,真抓实干,务求实效。真,就是事物的发展要符合它的本来面貌。"求真"就是要避免个人的主观主义,并且从客观实际去认识事物的发展。"尊重客观规律,尊重客观事实,不回避、不隐瞒、不造假。"[①]

务实,就是要从实际出发,用事实说话,"务得事实,每求真是也"。从古

[①]李捷.求真务实与实事求是[J].思想理论教育导刊,2004,(5).

至今，中国传统文化在不断地发展当中具有浓厚的实践探索精神，整个中华民族在中国传统文化的熏陶下非常务实，不喜欢务虚。近代以来，随着马克思主义传入中国，马克思主义的优秀的精神品质被中国人民所接受，其中影响深刻的精神之一便是求真务实的精神。求真务实是实事求是思想路线的核心内容，将其作为时代精神是贯彻马克思主义科学世界观和方法论的本质要求，体现了马克思主义改造世界的科学精神和实践任务，坚持了理论联系实际、知与行的辩证统一。同时，将求真务实作为时代精神的基本内容还在于它是中国革命和建设经验的总结，我们党每一步的成长壮大和胜利的取得都离不开求真务实精神指导和践行。从民主革命的胜利到新中国的建立，从改革开放和现代化建设成就的取得到中国特色社会主义道路的开创等都得益于中国共产党人一直坚持和贯彻求真务实的作风。历史经验证明，求真务实是党的活力所在，是党和人民事业发展壮大的关键所在。新形势下，我们党领导全国人民完成建成小康社会，实现中华民族伟大复兴的中国梦，都必须要大力弘扬求真务实的精神、大兴求真务实之风。

中华民族是一个勇于创新、开拓进取的民族，在悠久的历史发展进程中，创造了灿烂的物质文明和精神文明。革故鼎新的精神是中华文化千年传承不断并始终保持强大生命力的关键所在，也是中华民族自强不息进取的结果。"穷则变、变则通、通则达"，中国古人早就认识到适应变化的重要性，"苟日新、日日新、又日新"，吐故纳新以应时之变。中国文化极为推崇日新之变，所谓"日新之谓盛德"。在中国思想宝库里，有关"通变"的思想源远流长，创新成为中国人的一种固有的精神。创新精神的形成于与中国人开放博纳的胸怀密切相关，可以说中国文化就是在汲取儒、释、道三家思想的精髓基础上，并借鉴融合世界其他民族的优秀文化，不断调整和创新，才得以源远流长。佛教的传入及本土化过程便是很好的例子。如果中国文化抱守残缺，因循守旧而缺乏与时俱进的精神，便会失去生命力和活力，因故步自封而僵化。近代历史上，我们也有过因为思想僵化，不图创新，最后导致落后挨打，丧权辱国的惨痛教训，近代以来的爱国救亡的仁人志士意识到这一问题之后，就开始睁眼看世界，认清现实，以革新求生存，积极向世界优秀的文化学习，并能结合中国的实际，实事求是，与时俱进。最具代表也是影响最为深远的便是马克思主义的传入中国及其中国化，在马克思主义的指导下，中国革命焕然一新。新民主主义革命所创造的"实事求是，敢创新路"的井冈山精神，"独立自主，勇往直前"的长征精神，"自力更生，艰苦奋斗，理论联系实际，与时俱进"的延安精神。在延安时期，马克思主义与中国革命实践相结合实现了马克思主义中国化第一次飞跃——毛泽东思想形成。1978年改革开放以后,党深刻地认识到当今时代的主题,把工作重心转移到经济建设上,重新确立了实事求是的思想路线,坚持与时俱进,不断解放思想、开拓创新,建设有中国特色的社会主义,社会主义事业取得巨大的成就,形成了以改革创新为核心的时代精神。改革开放的新风吹拂整个神州大地,亿万中国人民满腔热血参与到改革的事业当中,以不畏艰难,敢冒风险的精神探索了一系列制度创新和体制改革,从最初的农村联产承包责任制开始的经济体制改革到经济特区的改革实验,社会主义市场经济体制的建立,再到"一国两制"的成功实践,人们突破思想、理论、制度的束缚,借鉴他国经验,探索出符合中国实际的改革模式和中国特色社会主义道路。中国改革开放四十年的伟大成就证明只有改革才是真正出路,我们要坚持改革开放不动摇,绝不走封闭僵化的老路。李克强总理指出,改革是最大的红利,我们要继续深化改革,以使改革成果惠及更多的人民。中国目前正处于社会转型期,改革的攻坚期和矛盾凸显期,继续改革面临既得利益的阻挠等诸多阻力,但是我们坚持改革的决心不动摇。十八届三中全会研究了全面深化改革的若干重大问题,取得了许多成果。全面深化改革涉及经济、政治、文化、社会、生态和党建等方方面面,改革涉及的领域之广决定了改革的阻力巨大,但是我们要坚定改革的决心不动摇,正确处理好改革、发展、稳定的关系,使得中国特色社会主义事业在改革的推动下可持续发展。改革是社会持续发展的动力,创新是民族进步的灵魂,是国家兴旺发达的不竭动力。在新的历史时期,我们要继承和弘扬改革创新精神,为实现中华民族伟大复兴的中国梦提供源源不断的动力支持。

  习近平总书记曾指出,"我们生而为中国人,最根本的是我们有中国人的独特精神世界,有百姓日用而不觉的价值观。我们提倡的社会主义核心价值观,就充分体现了对中华优秀传统文化的传承和升华。"作为中国精神之灵魂的社会主义核心价值观,它来源于马克思主义理论的科学性、彻底性,源自中华优秀传统文化的丰厚滋养,培植于中国特色社会主义伟大实践中。国人的"精气神"是当代中国价值观念的具体表现形式。所以,马克思主义、核心价值观、改革创新精神等,维系、支撑和推动着当代中国人民的生存发展进步,体现着社会主义的本质要求,集中体现了当代中国精神。

  在社会主义核心价值体系这一有机体中,以爱国主义为核心的民族精神和以改革创新为核心的时代精神,是指对实现共同理想的动力之源的价值认同。所谓民族精神,是指一个民族在长期的共同社会实践中形成的、为民族大多数成员所认同和接受的思维方式、价值取向、思想品格和道德规范的总和,是一个民族的生命力、凝聚力和创造力的不竭源泉。一个民族没有高昂的民族精神和高尚的民族风格,就不可能立于世界民族之林。中华民族在五千多年的历史发展中形成了以爱国主义为核心的团结统一、爱好和平、勤劳勇敢、自强不息的伟大的中华民族精神。在中华民族精神这一统一体中,爱国主义居于核心地位,它渗透在中华民族精神的一切领域。团结统一是爱国主义精神体现在处理民族内部各兄弟民族之间、各民族之间关系上的要求,也是爱国主义精神的最基本的要求,因为祖国的统一和全中国人民的大团结,才是中华民族大家庭中的各个民族得以繁荣昌盛的基本条件,要爱国就必须保持民族的团结与统一。爱好和平是爱国主义精神内涵的扩展和延伸,是其体现在处理本民族与世界其他国家各民族之间关系上的要求,因为任何民族的发展都不能是封闭的,只能是开放式的发展,爱好和平的民族精神能够为中华民族的存在和发展提供必要的外部力量的支撑。勤劳勇敢、自强不息的民族精神,是中华民族爱国主义精神的根本体现,也是中华民族精神的脊梁和精髓。这五种精神,相辅相成,共同服务于爱国兴邦这一主题,在五千多年的发展中,铸造成为伟大的中华民族之魂。

  大力弘扬以爱国主义为核心的民族精神和以改革创新为核心的时代精神,要求我们必须坚定信念,振奋全民族的精气神,决不能在价值观上"妄自菲薄"、"崇洋媚外"。要调动各方力量,通过教育引导、舆论宣传、文化熏陶、实践养成、制度保障等,使社会主义核心价值观内化为人们的精神追求,外化为人们的自觉行动,达到"日用而不知"。要始终坚持以社会主义核心价值观为统领,继承和发扬中华民族优秀传统文化,充分借鉴吸纳人类创造的一切文明成果,同时也要坚决抵制错误观念和错误思潮,决不当西方道德价值的"应声虫",以高度的价值观自信,在价值冲突中定纷止争,在道德转型中坚定方向,在文明碰撞中永立潮头。

二、社会主义核心价值观的指导是实现中国精神的根本保障

  要想保证中国精神的有效传承,就必须要坚持社会主义核心价值观的指导,反之要想促进社会主义核心价值观的树立,也需要中国精神的有效支撑,两者有着相辅相成、相互促进的联系。一个良好的国家或民族要想在世界民族之林中站稳脚步,那么就不仅要提升国家或民族中的物质基础,也要提升其整体的精神力量,这样才能更好地保障国家或民族在世界民族之林中站稳脚步。而对于国家的精神力量来说,是一种信念、理想、品格、意志,是在一定的时间内共同达到相同精神高度的力量。而中国精神要彰显中国亿万华夏儿女的共同精神状态、共同的意志品质以及内在的凝聚力,中国精神是一个国

家的根茎,也是民族的命脉。

　　树立社会主义核心价值观,是需要中国精神的有效支撑,社会主义制度的内在精神和生命之魂就是社会主义核心价值观,它是以爱国主义为重要核心的民族精神,是以改革创新为重要核心的时代精神发展方向。所以社会主义核心价值体系是社会主义意识形态的本质体现,也是传承中国精神的关键内容。社会主义核心价值观是党和国家、人民共同团结奋斗的思想内容,是有效建立具有中国特色社会主义事业所必须要坚持的指导思想内容,也是有效传承中国精神的基础部分。而且在传承中国精神中,也必须要坚持社会主义核心价值观有效建设。中国精神的传承必须要坚持社会主义核心价值观,对人们思想进行统一,提升民族凝聚力量,有效将社会主义核心价值观的基本要求贯彻到中国精神传承当中,有效将中国精神的重要作用发挥出来。

　　现今我国正处在社会主义和谐社会建设、小康社会全面建设之中,通过大力弘扬及传承以爱国主义、改革创新、自强不息等为核心的中国精神,进而有效促进社会主义核心价值观与中国精神的有效传承。坚持社会主义核心价值观体现社会主义意识形态的关键部分,是我党和国家及人民团结奋斗的共同精神思想。在中国精神传承和弘扬当中,社会主义核心价值观是其最重要、最核心的内容,并且在此期间也要将马克思主义的指导地位进行有效巩固,并坚持以中国特色社会主义为共同的思想凝聚力,也要坚持以爱国主义为核心的民族精神,坚持以改革创新为核心,有效推动我国社会主义稳定发展。

　　在我国立党立国工作当中,马克思主义是其根本的指导思想内容,也是体现我国社会主义核心价值体系的灵魂所在。中国传统文化精神和革命精神的集中体现是马克思主义中国化的最新成果内容,也是中国精神的重要凝结部分。通过有效地运用马克思主义中国化最新成果对全党进行有效的武装、对人民进行良好的教育,这是全党践行习近平新时代中国特色社会主义思想的重要基础部分。只有用习近平新时代中国特色社会主义思想武装头脑,坚持改革创新才能实现社会的和谐发展,有效传承和弘扬中国精神,进而丰富中国精神的科学内涵。因此只要有效巩固马克思主义指导地位,才能有效实现中国精神的传承与弘扬。中国人民在中国特色社会主义现代化建设中所追求的价值精神就是具有中国特色社会主义共同思想,这是建立具有中国特色社会主义现代化的重要精神动力。我国必须要在全社会范围内形成一个共同的思想,这样才能将我国劳动者、爱国者等积极地凝聚到一起,进而实现社会主义现代化建设。只有在全社会范围内形成共同思想,才能将中国精神的重要作用发挥出来,并实现其重要价值内容。

要想坚持社会主义核心价值观的根本指导思想,有效传承与弘扬中国精神,就要坚持以爱国主义为核心的民族精神,也要坚持以改革创新为核心的时代精神,这样才能将社会主义核心价值观与中国精神的传承价值发挥出来。一个民族的生存与发展是以民族精神和时代精神为重要支柱的,如果一个民族欠缺振奋的精神和高尚的品格,那么这一民族是无法立足于世界民族之林中的,并且民族精神和时代精神是凝聚我国民族的重要思想内容,也是我国各族人民团结和谐、共同奋斗的重要精神纽带。所以要想让中国精神有效传承,就必须要大力弘扬以爱国主义为核心的民族精神和以改革创新为核心的时代精神,进而有效提升民族自信心、自豪感和自尊心等,这样才能实现社会主义核心价值观与中国精神的有效传承。

随着我国社会经济的不断发展,如何加强社会主义核心价值观与中国精神两者的关系,实现我国社会主义核心价值观与中国精神的有效传承,是现今人们最为关注的话题。要想保障中国精神的有效传承,就必须坚持社会主义核心价值观的指导,反之要想实现社会主义核心价值观的有效树立,就必须要有中国精神的有效支撑,两者的关系是相辅相成、相互促进的。在进行社会主义核心价值观与"中国精神"有效传承时,要对马克思主义指导地位进行有效巩固,发挥中国特色社会主义共同理想凝聚力,也要发挥爱国主义、改革创新的重要精神,进而实现社会主义核心价值观与中国精神的重要价值,发挥其重要作用,这样才能有效促进我国社会健康稳定地发展。

三、中国精神是社会主义核心价值观的精神命脉

在当代中国,我们应该弘扬和践行"富强、民主、文明、和谐,自由、平等、公正、法治,爱国、敬业、诚信、友善"的社会主义核心价值观。社会主义核心价值观回答了我们要建设什么样的国家、构建什么样的社会、培育什么样的公民的重大问题。我们要用社会主义核心价值观凝心聚力,动员全国各族人民,调动一切积极因素,为实现中华民族伟大复兴的中国梦而努力奋斗。

中国精神是民族精神和时代精神的理论概括和抽象描述。众所周知,任何一种关于精神的理论描述都源于精神本身的社会实践,最终还要返回到社会实践中去。当前在对中国精神的相关讨论中,出现了一种坐而论道、不问践行的空谈之风。一些文章上下数千年,洋洋几千字,满纸高论,通篇阔谈,最后却将中国精神提升成一个巨型的超级能指、一种无法落地生根的形而上精神,导致中国精神在实践经验中的悬置和飘浮。精神不是玄谈物,中国精神的传承与弘扬最终要靠个人和群体在工作和生活中身体力行的实践。实践既是精神萌生的成长之根,也是精神壮大发展的源头活水。在当今社会,中国精神的实践意义主要表现在两个方面:一是要提高社会成员对中国精神重要性的全面认识,从而自觉地运用中国精神指导和激励个人的思想、意志和行为,把中国精神与个人意志统一起来,使中国精神自觉地践行到个人的日常生活之中,从而以一己之行实现中国精神的传承与发展。其次是在文化软实力的国际化竞争中,要以中国精神作为文化强国的重要精神力量和发展标志。中国精神是文化大发展的核心之魂,也是中华民族屹立世界的精神脊梁。一个民族只有坚持践行自己的民族精神,才能在全球化时代真正强大起来。经济的强大只是民族国家强大的物质基础,而文化与精神的全面强盛,才是一个真正伟大的民族。

习近平指出:"实现中华民族伟大复兴的中国梦,必须要有中国精神,而中国精神必须在坚持社会主义核心价值体系的前提下,积极深入中华民族历久弥新的精神世界,把长期以来我们民族形成的积极向上向善的思想文化充分继承和弘扬起来,使之为培育和践行社会主义核心价值观服务,为建设社会主义先进文化服务,为党和国家事业发展服务。"①

社会主义核心价值观是指那些在社会主义价值体系中居统治地位起指导作用、从最深层次科学回答"什么是社会主义"或社会主义本质属性这一根本问题、在马克思主义理论体系中占据核心地位的价值理念,主要指在性质、构成、标准和评价等方面对价值的一般判断,它体现了马克思主义科学世界观在价值判断和价值选择方面的最基本最突出的观念,体现了社会主义的本质要求,是社会主义的政府和人民共同努力奋斗的价值追求。任何一个民族核心价值观的形成,都体现了这个民族长久以来的精神追求。中国精神是指贯穿于中华民族文明发展、积蕴于现代中华民族复兴历程,特别是在中国的快速崛起中迸发出来的具有很强的民族集聚、动员与感召效应的精神及其气象,是中国文化软实力的重要显示。社会主义核心价值观中的很多内容都是中国人民耳熟能详的,它体现了中华民族一直以来的精神追求。在社会主义核心价值观中蕴含着民族精神的现代形态,如从"民为贵,社稷次之,君为轻"到社会主义核心价值观中倡导的"民主"一词,从"天下兴亡,匹夫有责"到社会主义核心价值观中倡导的"爱国"一词,从"言必信,行必果"到社会主义核心价值观中倡导的"诚信"一词,从"仁者爱人""与人为善"到社会主义

---

①习近平.在主持中共中央政治局第十八次集体学习时的讲话[N].人民日报,2014年10月13日。

核心价值观中倡导的"友善"一词,等等。社会主义核心价值观不仅汲取了中国传统价值观精华,还加入了基于马克思主义价值观之上的社会主义自由、平等、法治等现代性价值。比如,在社会主义核心价值观中,中国化的马克思主义取代儒学的意识形态成为中国发展的指导思想,社会主义取代大同思想成为中国人民共同的理想与追求等等。而马克思主义的指导思想与中国特色社会主义的共同理想也恰恰是中国精神的重要精神实质。习近平指出:"五四精神体现了中国人民和中华民族近代以来追求的先进价值观。爱国、进步、民主、科学,都是我们今天依然应该坚守和践行的核心价值。"以爱国、进步、民主、科学为内涵的五四精神,是中国精神的重要内容。由此可见,中国精神对培育和弘扬社会主义核心价值观有重要意义,是社会主义核心价值观的精神命脉。

第二节 以社会主义核心价值观滋养民族精神

社会主义核心价值观揭示了社会主义意识形态的内涵,确立了更为理论化的社会主义价值追求。"核心价值观,承载着一个民族、一个国家的精神追求,体现着一个社会评判是非曲直的价值标准"。[①]社会主义核心价值观建设,一方面是其内涵的不断丰富和完善,另一方面则是使其获得最广泛的认同,取得全民族最大的共识,因此,中华民族精神的当代建构应以社会主义核心价值观为指引,不断提升中华民族精神的思想境界、理论品质,从而以更为饱满的形态来促进中国特色社会主义的发展。

一、民族精神是实现个人价值的基本保证

一个民族的精神是个人生命的抽象,一个民族的意志是个体生命在行动中的集中表现;任何精神都是个人品质意志的集中表现,每个人只有把自己对民族精神的渴望化作生命的热爱,并融入血液之中,我们的民族才有时代精神,才能集中提炼出民族的灵魂。在人类历史发展过程中,民族精神在实质上表现为个人与国家或民族间的一种价值关系,表现为一个民族在对待个人利益与国家或民族整体利益之间关系、所持有的根本观念和态度。从个人与

[①]《习近平谈治国理政》,北京:外文出版社,2014年,168页。

社会之间的价值共系的角度来讲民族精神具有重要意义。除此之外,民族精神对人的全面发展所起的作用至少有以下几个方面:第一,通过给人们提供判断是非、善恶、美丑、真假的标准,使人们逐渐形成正确的思想观念,从而提高人的思想道德素质,促进人的素质的全面发展。一个人如果素质不高、全面发展得不够,不仅会影响到整个社会和民族成员的总体素质,而且会制约自身需要的满足和个人利益的实现,民族精神对满足需求、开发人才又有十分重要的意义。第二,对人们进行角色意识的教化,使人们逐步认识到每个人在特定的社会位置上所应该享受的权利和应尽的义务,树立正确的社会角色意识,从而提高人的素质,克服人性的弱点,促进人性的全面发展。第三,通过先进的知识、经验和技能的教育,提高人们的文化知识水平和改造客观世界的能力,使人们成为自主、自立、自信、自强的全面发展的人。第四,通过社会群体的教育,强化人们的团队协作意识,促使个人与社会的协调发展。人的全面自由发展,是构建和谐社会的重要内涵,也是实现社会和谐的基本条件,人的全面自由发展是人的最高需要,也是最高的价值境界。人的全面自由发展与社会的全面和谐发展是一个问题的两个向度:人的全面自由发展以社会的全面和谐发展为条件,但是社会的全面和谐发展又以人的全面自由发展为前提,正所谓"每个人的自由发展是一切人的自由发展的条件"。马克思主义认为,人越是全面发展,社会就越是和谐,越能创造更多的物质文化财富;物质文化财富创造得越多,越能促进社会和谐,越能推进人的全面发展。由此可见,社会主义核心价值观建设就是要提高公民的道德素质、科学文化素质和健康素质,促进人的全面发展,为彰显人的主体地位、推进人的全面发展而积极创造条件。

二、民族精神是提升国家软实力的内在动力

大力弘扬和培育民族精神可以不断增强综合国力,提高国家在全球化进程中的内在竞争力。当今世界,综合国力的竞争日益激烈,当今各国特别是大国之间的关系,集中表现为包括经济实力、科技实力、国防实力、民族凝聚力在内的综合国力的较量与竞争。这里的民族凝聚力实际上就是反映出一个国家的精神实力,是文化软实力的重要内容。国家发展离开民族就成了无源之水和无本之木,民族精神自然也就成了国家立足的根基之所在。正如黑格尔所言:"精神只有认识了自身以后才是现实的、作为民族精神的国家构成贯穿于国内一切关系的法律,同时也构成国内民众的风尚和意识,因此,每一个民族的国家制度总是取决于该民族的自我意识的特质和形成了民族的自我意识包含着民族的主观自由,因而也包含着国家制度的现实性"。①特别是当国家处于危急关头、面临生死存亡的关键时刻,民族精神总能振臂一呼,成为一股强大的力量,激励着每一个鲜活的生命投入到救亡图存的洪流当中,成为挽救国家、挽救民族的支柱。我们前文已经提到过,文化是综合国力竞争的重要因素,文化已然成为国与国之间竞争的利器。谁占据了文化发展的制高点,谁拥有了强大的文化"软实力",谁就能够在激烈的国际竞争中赢得主动、占得先机。文化软实力的作用日益为世界各国所认识和重视。越来越多的国家千方百计壮大本国文化的整体实力。现在,美国、欧盟、日本、韩国、新加坡等,都是新一轮文化软实力研究的积极推动者。文化在沟通世界的同时,也在冲击和削弱主权国家的界限。我们必须清醒地认识到,在文化"软实力"的时代,在外来强势文化冲击日益剧烈的今天,大力弘扬民族精神具有维护国家安全的战略意义。

民族精神文化是一个民族区别于另一个民族的最本质的特征。一个民族其民族成员共同的文化心理基础来自于这个民族的精神文化,有了本民族的精神文化,本民族成员才能产生认同感,才有民族意识。这种建立在精神文化基础上的民族意识、民族认同感和归属感,才使单纯的经济政治共同体演变成了民族共同体。当今世界,文化与经济、与政治结合的日益紧密,相互交融的程度不断加深,精神文化在维护民族生存,增强民族凝聚力方面变得日益重要。文化是民族凝聚力的重要源泉,民族凝聚力的不断增强,既要有经济制度和政治制度作为基础保障,但同时又要有文化的支撑。维系民族团结需要文化,维护国家统一也需要文化,可以说,文化是一条精神纽带,它传承着一个民族共同的思维方式和优良的文化传统,文化在确立全民族文化认同、政治认同和全社会共同理想的形式中起了最为关键的作用。这些为全民族认同的文化观念、价值取向、共同理想等发挥着巨大的凝聚作用,使一个民族不断发展壮大的内在动力文化在民族凝聚中的作用是:一是价值整合。价值观念是文化最为核心的东西。有什么样的价值观念,就有什么样的精神文化。精神文化在不同时代其思想内涵是不同的,即使在同一时代,精神文化的思想内涵其内部也有不同的地方。在同一时代,因为各种原因,包括历史的和现实的等,各种利益集团他们的价值取向是不同的,由于价值取向不同引发了各种矛盾,最终导致他们在价值上发生冲突,所以,能否对各种价值观念进行整合,实现价值认同,即形成的价值观念、价值标准可以被绝大多数的民族成员

---

①欧阳康.《民族精神:精神家园的内核》.黑龙江教育出版社,2010年,第111页。

所接受并能共同遵守,这对民族内部团结的实现尤为重要,进而影响到民族凝聚力的强弱。

人心聚合则国家兴盛,人心离散国家则衰弱。民族精神能够聚合人心促进社会发展和社会和谐稳定。民族精神强大的国家通常能够调节个体与国家利益的矛盾、短期与长远利益的矛盾,以国家利益和长期利益为重,整合各民族、各社会阶层的利益,聚集人心,把整个社会的人力、物力等资源,配置到国家或民族最需要的地方。民族精神强大的国家都是以国家或民族为价值取向,国家或民族利益高于个人利益,个人利益服从国家或民族利益。这就是以国家或整个民族的利益为目标,整合凝聚各种力量,从而把各种力量及各社会阶层都凝聚到为实现国家民族利益而努力。

改革开放以来,中国共产党一再强调要在全体人民当中牢固树立建设有中国特色社会主义共同理想和坚持党的基本路线不动摇的坚定信念,实际上是文化在价值整合作用方面的体现。理想和信念是一个党、一个国家和民族的精神支柱与精神动力,有了理想信念,才会有巨大的凝聚力。相反,如果价值整合不成功,价值认同低,民族凝聚力就会弱,甚至可能导致一个民族的解体。如世界史上,此起彼伏的民族冲突和战争,苏联解体、波黑塞族和穆族之间的战争,其中一个很重要的原因就是在价值认同上的差异。二是行为导向。精神文化所蕴含的思维方式、价值观念、理想人格、伦理规范、审美情趣等,实际上是传统社会的人生理想和价值准则,它对人们的行为起了引导作用。这些理想和价值准则规定着人生的航向,引导人们的行为朝着积极的方向发展,成为使社会协调发展和全民族社会成员牢牢黏合在一起的精神力量,成为维系社会全体成员的共同思想基础。总之,精神文化所具有的价值整合和行为导向功能,客观上必然形成它的力量凝聚功能。价值整合的结果,是人们在价值取向方面的认同;行为导向的结果,是人们在实践中步调的统一。这样各方面的力量就会相互协调,形成合力,从而增强民族凝聚力。

中国当代精神文化随着社会的发展而不断发展与完善,它主要由既留有传统精神文化的合理成分并在此基础上对之进行现代精神的改造继而形成的文化和与时俱进的现实生成的文化而构成。其中,与时俱进的、由现实生成的文化是当代中国精神文化的主流,它是以马克思主义为指导,是面向现代化、面向世界、面向未来的发展中的文化。提高这些文化软实力,有利于增强中华民族凝聚力,具体来说:一是中国特色社会主义共同理想有利于凝聚民心,增强凝聚力。现阶段我国各族人民的共同理想是在中国共产党的领导下,走中国特色社会主义道路,实现中华民族的伟大复兴。这一共同理想,把中国共产党的领导、中国特色社会主义道路与中华民族的伟大复兴紧密地联系在了一起,其中,指导思想是中国特色社会主义理论体系,领导力量是中国共产党,正确道路是中国特色社会主义,目标是建设富强民主文明和谐美丽的社会主义现代化国家,这些集中体现了全国各族人民的共同愿望,符合他们的根本利益。这一共同理想,给全国各族人民描绘了一幅憧憬和希望的蓝图,一幅人民美好生活和祖国美好未来的蓝图,对全国各族人民起着鼓舞作用和激励作用,使他们在政治上、思想上团结一致,从而达到增强凝聚力的目的。

由此可见,通过主导文化或主导价值观引领多元文化价值观的各种社会群体,将产生团结统一的力量,也就是用文化和价值观使社会阶层产生吸引力和感召力,运用文化价值观的力量号召鼓舞社会中的各民族和社会各阶层形成凝聚力、向心力,是社会内部更加形成团结统一的局面。这就是文化软实力在起作用,也提升了一个国家的文化软实力。

三、民族精神是中华民族团结统一的力量之源

民族精神是一个民族生存和发展的最核心的文化要素。一个国家,一个民族,要自立于世界民族之林,必须依靠这种高昂的民族精神。纵观人类社会,主宰民族兴衰成败以及复兴顺起的根本原因就是这个民族所特有的素质、思想、道德、文化等内在的民族精神。任何一个民族,如果没有昂扬奋进的民族精神,没有坚忍不拔的民族品格,没有万众一心的民族志向,就不能在世界民族之林中拥有自己的地位和影响,可以说,民族精神的培育与发展是增强民族凝聚力、关乎民族生存的重要条件,是当今世界各国、各民族共同追求的目标。首先,民族精神提供给本民族的人们以一定身份认同或精神品格。中华民族精神具有世界上独一无二的民族凝聚力,是维系中华民族大一统的精神纽带。传统上,一些人是以"一种外推式的逻辑来确认个人与群体的关系的,即从小到大五个同心圆,最里面的圆代表了个人,随着圆的半径不断增大,共他四个圆依次为家庭、家族、民族、国家。"其中'家'是个极重要的概念,狭义的家指家庭;但在'国家'这一概念中,'国'是一个政治实体概念,而'家'则只有'民族"之含义,即综合了血缘、地域、文化等因素,并存长久的历史进程中构成的共同体。"①

中国古人多把国家视为天下的同一民族的所有成员构成的大家庭。强有力地支撑着中国社会持续不断地稳步发展,使中国成了"世界上唯一持久的

---

① 欧阳康.《民族精神:精神家园的内核》.黑龙江教育出版社,2010年,第107页。

国家"。当前,加强公民道德建设,培育社会主义核心价值观就是要牢固树立中国特色社会主义的共同理想信念,大力弘扬爱国主义、社会主义、集体主义思想,引导人们树立正确的世界观、人生观、价值观,使社会成员自觉地把个人追求融入中国特色社会主义的共同追求之中,把个人奋斗融入实现中华民族伟大复兴的奋斗之中,统一思想、理顺情绪、化解矛盾、凝聚力量,提升公民道德建设,有利于加强社会建设和管理,形成团结稳定的社会秩序,为中华民族伟大复兴中国梦提供有力支撑。

中国文化基本精神的优秀成分,构成中华民族精神。中华民族精神,是几千年优秀文化传统的积淀,又是当代世界文明成果的融合。中华民族精神是一种黏合剂,这种黏合剂能够把全国各族人民凝聚在一起,甚至可以这样说,中华民族精神是把全民族广大成员集合为一个整体的凝聚力。为什么中华民族精神具有凝聚功能?因为中华民族精神能够使社会全体成员形成一种共识,这种共识,就像一面旗帜,紧密统一各族人民的意愿和利益,使他们达成一致,并能在感情上进行沟通,使得相互的埋怨指责减少,谅解和支持增多,各方面协调合作,从而共同推动民族和国家的发展。爱国主义是中华民族精神的核心,是中华民族凝聚力的主要表现,它在团结人民、凝聚人心方面起了非常重要的作用。爱国主义是中华民族的精神支柱,是民族之魂。当代中国,爱国主义体现在爱社会主义上,爱国主义与爱社会主义本质上是统一的,建设有中国特色社会主义也就是振兴中华,建设有中国特色社会主义是爱国主义的时代主题。中国特色社会主义体现了为全体人民谋利益的理想,定位了为人民服务和集体主义这一最基本的价值取向。爱国主义和社会主义二者密不可分,有机统一。民族独立,人民民主,祖国富强,民族统一,这是爱国主义所要追求的目标,这些目标的实现必须依靠努力建设富强、民主、文明、和谐、美丽的社会主义才能实现。推动社会主义事业的不断发展,爱国主义是强大的精神动力;实现祖国和民族振兴,爱国主义是强大的精神支柱。这种精神动力,这根精神支柱,是增强中华民族凝聚力的力量之源和思想之撑。

第三节 以社会主义核心价值观引领时代精神

培育和弘扬社会主义核心价值观，是我们民族和国家当前凝魂聚气、强基固本的基础工程。时代精神与社会主义核心价值观密切相关。习近平总书记曾多次讲，"每个时代都有每个时代的精神，每个时代都有每个时代的价值观念"，[1]培育和弘扬社会主义核心价值观，要大力弘扬以改革创新为核心的时代精神。

一、时代精神在培育与弘扬社会主义核心价值观中具有重要作用

时代精神具有现实性，是社会主义核心价值观保持生命力与凝聚力的关键。当一种时代精神随历史远去而沉淀为传统文化时，一种新的时代精神就会应运而生。时代精神总是不断焕发新的生机，每个时代都有每个时代的精神。只有我们大力弘扬时代精神，充分关注培育方法的现实性，赋予社会主义核心价值观新的时代意义，才能使社会主义核心价值观永远保持生命力与凝聚力。时代精神同历史发展趋势相一致，是社会主义核心价值观引领社会思潮、凝聚民众共识、汇集人民力量的力量本源，就能形成引领整个社会的风气，成为一种时代精神。时代精神的实质，是历史发展中新因素、新动向在人民群众中的反映，它契合历史发展趋势，意味着社会进步的方向，总能在与其他社会意识与思潮的交汇与碰撞中发展壮大，成为引领一个民族、一个国家某一时期精神风貌的强大力量。培育与弘扬社会主义核心价值观的重要目的就是要引领社会思潮、凝聚民众共识、汇集人民力量，时代精神同历史发展趋势相一致的性质，正是社会主义核心价值观实现的这一目的的哲学基础，也是其力量本源。

时代精神具有具体性与形象性，是社会主义核心价值观感召群众、带动群众的原则方法。时代精神渗透在社会生活的方方面面，它总是通过人们生产生活的某一方面具体地、形象地表现出来。时代精神的具体性、形象性，是社会主义核心价值观感召群众、带动群众必须坚持的原则方法。培育社会主义核心价值观，就要生动具体地表现社会主义核心价值观，用高质量高水平的作品形象地告诉人们什么是真善美，什么是假恶丑，什么是值得肯定和赞扬的，什么是必须反对和否定的。唯有如此，才能做到润物细无声，才能真正

---

[1]《习近平谈治国理政》.外文出版社，2014年，第168页。

感召群众、带动群众。时代精神具有人民性,是人们内化和外化社会主义核心价值观的根本基础。习近平指出,培育社会主义核心价值观就是要使其内化为人们的精神追求,外化为人们的自觉行动。时代精神表达的是历史的创造主体即人民群众的意志和愿望,凡能成为真正时代精神的,都是那些能充分掌握和赢得人民群众的社会集体意识。人民性对于社会主义核心价值观在人民群众中的内化与外化,具有根本性的意义。以人民性为基础形成的时代精神,作为社会主义核心价值观的具体表现,既能很好地融入群众性因素,又能深刻体现核心价值观的要旨,是人民群众接受、内化和外化社会主义核心价值观的重要途径。

  当代中国最鲜明的特点就是在中国共产党领导下坚定不移地推行改革开放。在这一时代条件下,逐步产生了在全社会具有普遍性的追求变革、勇于创新的精神文化。随着改革开放向纵深推进,改革创新精神不断展现为反思精神、科学精神、创业精神、开放精神、自由精神等各个方面。在社会存在与社会意识双重变革、螺旋演进的过程中,改革创新精神在整个时代精神中发挥着核心作用:一方面统领着时代精神中的其他组成部分,不断激发和调动各社会阶层和全体建设者持续不断推进理论创新、制度创新、科技创新、文化创新;另一方面,在不同的历史时期又体现为诸如抗洪精神、抗震救灾精神等具体的精神,从而形成以改革创新为核心的时代精神的总体风貌。总之,改革创新精神是在一定的时代条件下,为实现一定的价值追求而形成的求变创新精神;以改革创新为核心的时代精神,特指改革开放以来,在中国共产党领导下,我国在总体上呈现出的由改革创新精神所统领的整个时代精神。以改革创新为核心的时代精神的目标和归宿,就是实现人的全面发展,把维护人民群众的根本利益作为推进社会发展的根本原则。也就是说,在改革开放的过程中,要始终尊重人民群众的主体地位,发挥人民群众的首创精神,保障人民各项权益,为实现人的自由全面发展创造民主、法治、文明、和谐的社会环境,做到发展为了人民、发展依靠人民、发展成果由人民共享。因此,改革开放的实践主体就是中国共产党领导下的广大人民群众,只有保证人民群众平等、公正,有尊严地参与社会实践,充分发挥主观能动性和主体创造性,改革创新才成为可能;而在制定路线、方针、政策时,只有把人民群众拥护不拥护、赞成不赞成、高兴不高兴、答应不答应作为衡量是非得失、成败功过的标准,才能真正体现改革创新的精神实质。

  二、以改革创新为核心的时代精神的价值趋向

  时代精神随时代的变迁而形成、发展。时代精神是一个时代的人们在文

明创建活动中体现出来的精神风貌和优良品格,是激励一个民族奋发图强、振兴祖国的强大精神动力。根据一个国家、一个民族时代精神的内涵以及它在经济、政治、文化等建设活动中所发挥出来作用的大小,可以透视其国民的理性程度与成熟水平,因而成为衡量其文明进步的重要标准。时代精神反映一个时代人类社会发展变化基本趋势并已成为世界绝大多数国家和人民共同的心愿、意志和精神追求。当今时代,和平与发展既是时代的主题,也是全世界绝大多数国家和人民取得共识的时代精神。

一定的精神的产生、形成、丰富和发展,总是历史的产物,并为新的历史演进提供材料、创造条件。以改革创新为核心的时代精神虽然形成于改革开放时期,但它具有很强的历史继承性,这涉及三方面内涵。中华民族是一个勇于创新、开拓进取的民族,在悠久的历史发展进程中,创造了灿烂的物质文明和精神文明,虽然在不同的历史时期比如晚清总体趋于墨守成规,但革故鼎新精神从未消失。"变则通、通则久"之理念深入人心,以改革创新为核心的时代精神继承了中华民族这一宝贵精神财富。

改革开放以来,之所以能形成以改革创新为核心的时代精神,离不开对建党以来理论成果、思想路线等的继承与发展,无论是马克思主义中国化理论成果的传创,还是党的历代中央领导集体对时代精神的培育和概括,抑或是在继承与发展过程中所形成的改革创新精神逐渐成为时代精神的核心,都体现了以改革创新为核心的时代精神的历史性。随着改革开放的深入,以改革创新为核心的时代精神还将不断被赋予新的内涵。以改革创新为核心的时代精神虽承继历史,但不囿于既有认识和经验,面对传承下来的精神财产,我们应该取其精华、去其糟粕,结合时代精神加以继承和发展,做到古为今用。

以改革创新为核心的时代精神的培育、弘扬,均立足于我国改革开放和中国特色社会主义建设的具体实践。换言之,以改革创新为核心的时代精神不是脱离实际的理论抽象,改革开放是其最重要的实践来源,同时它又能动地作用于改革开放的具体实践本身。为推动中国的发展、实现人民的富裕而开启改革开放伟大进程的基本前提就是邓小平所肯定的"实践是检验真理的唯一标准"的重要论断,据此解放思想并由此引发的时代精神层面的改革创新才有了真正的理论可能性和现实必然性。以改革创新为核心的时代精神之所以能体现出实践性的特点,是因为建设有中国特色的社会主义事业,是一项充满艰辛、充满创造的壮丽事业。伟大的事业需要并将产生崇高的精神,崇高的精神支撑和推动着伟大的事业。

任何时代精神都不是孤立的、抽象的存在,它都是经过历史积淀逐步凝聚而成的民族精神的当下体现。同样,以改革创新为核心的时代精神在不同的领域,针对不同的具体实际,会有不同的表现形式,但总体上表现出中华民族的民族品格和气质。以改革创新为核心的时代精神展现的就是中华民族在新的时代条件下的精神状态和特质,正因如此,在社会主义核心价值体系中,以爱国主义为核心的民族精神和以改革创新为核心的时代精神才能统一在一起,共同作为社会主义核心价值体系的精髓。由此可知,民族精神是时代精神的源泉和基础,而以改革创新为核心的时代精神是民族精神在改革开时期的体现和升华。改革开放以来,中国共产党着力推进马克思主义中国化、弘扬社会主义先进文化、发掘优秀传统文化、构建社会主义核心价值体系,凝聚实现中华民族伟大复兴的强大精神动力,并通过把民族精神与时代精神有机统一于改革开放和社会主义现代化建设实践之中,引导整个社会铸造自立自强、开拓进取的民族精神品格。

包容性是中国共产党领导中国人民进行改革开放的一个重要特征,也是由此产生的以改革创新为核心的时代精神的鲜明特征。作为领导13亿人口实行改革开放、建设中国特色社会主义的执政党,中国共产党要始终走在时代前列,就需要培育以改革创新为核心的时代精神,来积极应对复杂条件下国内外相互激荡的各种思潮和理论。在建设进程中,不但要充分利用全球化所形成的世界资本市场,尽快提高我国的现代化水平,还要以兼收并蓄、海纳百川的胸怀,大胆借鉴和吸收人类社会创造的一切文明成果,吸收和借鉴当今世界各国包括资本主义发达国家的先进经营方式和管理方法,并引导整个中华民族在弘扬以改革创新为核心的时代精神的伟大实践中尊重差异、包容多样,有效引领社会思潮,在去芜存菁的同时,使各种具有积极意义的思想和理论在改革开放的进程中和谐共生,以形成推动社会发展的最大化的合力。事实上,以改革创新为核心的时代精神之所以能够成为推动我国经济和社会发展的不竭动力,就在于改革创新是全党和全国各族人民共同的思想基础。但包容并不是不加鉴别、一味吸收,而是在批判的基础上最终使竞争意识与效率追求、开放意识与世界理念、自主意识与民主参与、法治意识与和谐精神等成为以改革创新为核心的时代精神的构成要素。

三、以社会主义核心价值观引领时代精神

时代精神在培育社会主义核心价值观中的重要作用,为我们今天培育与弘扬富强、民主、文明、和谐,自由、平等、公正、法治,爱国、敬业、诚信、友善的社会主义核心价值观,提供了很好的借鉴和启示。

1. 要注重弘扬广大人民群众努力实现中国梦的时代精神,切实培育富

强、民主、文明、和谐的社会主义核心价值观

中国梦,诠释了中国人民继往开来实现中华民族伟大复兴的时代内涵,开启了人人追梦、筑梦、圆梦的新时代,已化为人民群众心中的一种普遍意识和精神力量引领和激励着民族复兴、国家富强。全国人民努力实现中国梦的生动实践,无疑是当下最重要的时代主题,中国梦无疑已成为当代中国时代精神最集中的体现。中国梦的本质是国家富强、民族振兴、人民幸福,一个重要的目标就是到20世纪中叶,建成富强民主文明和谐美丽的社会主义现代化国家。人民群众努力实现中国梦的时代精神,同富强、民主、文明、和谐的社会主义核心价值观,具有高度的内在一致性。"道不可坐论,德不可空谈。于实处用力,从知行合一上下功夫,核心价值观才能内化为人们的精神追求,外化为人们的自觉行动。"①培育富强、民主、文明、和谐的社会主义核心价值观,需要大力弘扬广大人民群众追梦、筑梦、圆梦的时代精神。一要大力宣传中国人民努力实现中国梦取得的伟大成就,增强人民群众培育与践行富强、民主、文明、和谐的社会主义核心价值观的自信。要让人民群众看见,自新中国成立以来,在实现中国梦的道路上,我们取得了举世瞩目的成就,国家和民族的面貌已经发生了天翻地覆的变化,"现在,我们比历史上任何时期都更接近中华民族伟大复兴的目标,比历史上任何时期都更有信心、有能力实现这个目标。"②二要团结和动员每个人都为实现自己的美好梦想而奋斗,引领人民群众投身努力实现中国梦的生动实践,激励广大民众建功立业,汇聚起实现中国梦的磅礴潮流,在人民群众实现国家富强、民族振兴和人民幸福的过程中,将富强、民主、文明、和谐的社会主义核心价值观变为人们自觉的价值追求和自愿接受的行为准则。三要不断铸就改革发展的新成就,用全国人民实现中国梦的一个个新胜利、一个个新辉煌,促进富强、民主、文明、和谐的社会主义核心价值观在人们心中扎根。实现中华民族伟大复兴中国梦所取得的发展进步越显著,人们越能从中得到实惠,社会主义核心价值观越能深入人们的生活、深入头脑,进而转化为自觉的行动。

2.要注重弘扬践行"五大发展理念"的时代精神,切实培育自由、平等、公正、法治的社会主义核心价值观

践行五大发展理念是实现中华民族伟大复兴中国梦的必然要求,体现了在实现中国梦进程中融入在整个社会的一种时代精神,那就是更加注重为人

---

①《习近平谈治国理政》.外文出版社,2014年,第173页。
②《习近平谈治国理政》.外文出版社,2014年,第56-57页。

的全面自由的发展提供坚实基础,更加注重改革创新、公正法治、平等共享、从严治党、绿色健康、开放协调。四个全面战略布局和五大发展理念,包含着丰富的自由、平等、公正、法治的社会主义核心价值观内容。培育社会主义核心价值观,需要大力弘扬实施四个全面战略布局与践行五大发展理念的时代精神。一要大力加强理论灌输,理论创新每前进一步,理论武装就要跟进一步。践行五大发展理念的自觉性、主动性,在生动的生产生活实践中将其所蕴含的自由、平等、公正、法治的社会主义核心价值观内化于心、外化于行。二要增强老百姓践行五大发展理念带来的获得感,让全面建成小康社会、全面深化改革、全面推进依法治国、全面从严治党的成果更多地惠及老百姓,创新、协调、绿色、开放、共享五大理念释放出的红利让更多的老百姓看得见、摸得着。只要老百姓在不断受益的过程中衷心拥护、积极实施、努力践行四个全面战略布局和五大发展理念,培育和践行自由、平等、公正、法治的社会主义核心价值观自然就能蔚然成风。

3. 进一步深化各项改革创新

弘扬以改革创新为核心的时代精神的逻辑前提,是要能产生以改革创新为核心的时代精神。唯物史观认为,社会存在决定社会意识,一定时代精神总是一定时代本身的产物。因此,首先应为以改革创新为核心的时代精神的形成创造必需的实践基础。具体而言,要结合时代发展的趋势和要求,立足我国基本国情,进一步深化各项改革创新。其中,改革现有的体制机制,持续推进制度创新、科技创新、文化创新,是培育以改革创新为核心的时代精神不可或缺的关键环节。这里所述及的制度创新,主要包括社会政治、经济和管理等制度的全方位革新,通过变更支配人们行为和相互关系的规则,激发人们的创造性、积极性和社会的活力。在开启改革开放伟大进程时,邓小平就曾指出改革不是细枝末节的修补,而是对原有制度、体制的根本性变革。通过制度变革,建立起既能够发挥市场配置资源的基础性作用,又能够提升国家在科技领域的有效动员能力,既能够激发创新行为主体自身的活力,又能够实现系统各部分有效整合的国家创新体系。而科技创新同样能在生产力的变革过程中促进以改革创新为核心的时代精神的形成。科技创新即开展原创性的科学研究和进行原创性的技术创新,也就是运用新知识、新技术,采取新的生产方式,研发新产品,以满足人们的新需求并推动社会发展的过程。在科技创新的过程中,必然涉及新观点的提出、新研究领域的开辟、以新视角来观察等环节,必然会引起人们在观念意识层面的革新。文化创新的基本思路是在坚持马克思主义一元化指导的同时,按照百花齐放和百家争鸣的方针,鼓励和倡导多样化的文化发展。在这一过程中，要全面深入地研究中华民族丰富的文化资源，大胆吸收借鉴世界各国先进文化成果，在这一根本方略的指导下，结合信息时代新的传播方式，推进文化管理、生产、传播等方面的创新，从而为社会大众提供宽广、多样的文化视野和健康、高雅的文化产品，为以改革创新为核心的时代精神的形成创造基本的文化条件。在推进上述创新的同时，还要与社会主义法治建设相衔接。一方面，及时将改革创新的实践成果上升为国家意志，通过立法加以确认和保护；另一方面，及时对一些制约改革创新的原有法律法规进行修订、废止，并通过科学立法，构建鼓励创新的法治环境，以良法之治为改革创新精神的形成和发展搭建制度平台，以良法保障和促进制度创新、科技创新、文化创新。

  时代精神作为激励一个民族奋发图强的强大精神动力，体现着一个时代的人们在推进社会发展过程中的精神风貌、民族气质、行为规范、价值追求，是衡量一个时代文明进步程度的重要标尺。在综合国力竞争日益激烈的当代，分析、研究、培育富有本国特色的时代精神，对于该国的发展、振兴有着愈益重要的作用。改革创新是我国新时期最重大的理论与实践探索，它既是实现中华民族伟大复兴的必由之路，又已内化为中华民族的民族心理、文化特质。改革开放的每一重大历史进程，都伴随着时代精神的变迁。要确保改革开放的路线不动摇，必须培育、锻造改革创新精神，只有弘扬改革创新所必需的韧性和品格，保持中华民族思想理论上的清醒与自觉，才能顺利推进新时代中国特色社会主义建设的伟大事业。

第五章 社会主义核心价值观与道德建设

伦理学范畴中道德和价值、道德标准和价值观的意义经常是相通的,它们的区别是:道德和道德规范是以好坏、善恶为标准,通过传统习俗和社会舆论来评价个体的行为;价值观是通过态度、观点、立场来评价个体的行为。当然,价值观也是多维度、多层次的,但肯定有一个占主导地位和支配地位的,这就是核心价值观,核心价值观在道德规范和价值观中是起着引领作用的。培育和践行社会主义核心价值观在社会主义道德建设中占有很重要的地位,在理论上要求构筑道德规范体系,在实践中增强道德认同感、提升道德境界。社会主义核心价值观反映了人民群众的价值认同、精神品格,也反映了社会的理想信念。总之,社会主义核心价值观是道德建设的方向与抓手、核心与框架、基础与升华,只有二者同抓并举,才能相得益彰、事半功倍。

社会主义核心价值观应该也能转化为公民道德规范,并不是说社会主义核心价值观这十二个词就是当代公民的道德规范,而是说,社会主义核心价值观对于当代公民道德规范建设发挥着指导作用。

第一,当代公民道德规范建设的总要求是社会主义核心价值观。社会主义核心价值观与中国特色社会主义的基本理论、基本路线、基本纲领、基本经验、基本要求是相契合的,与中国特色社会主义建设的总布局、总任务、总目标是相一致的,与中华优秀传统美德、革命道德是相承接的,与当代人类文明的优秀成果是相衔接的,回答了我们要建设什么样的国家、什么样的社会、培育什么样的公民等重大问题,也是对每个公民应该如何对待国家、如何对待社会、如何对待自己给出了价值导向,为当代公民道德规范建设提出了基本要求。传统的道德规范建设,要么偏重个人道德修养,例如儒家的"仁、义、礼、智、信、温、良、恭、俭、让",要么偏重国家导向,如"五爱"。这样做,是时代的需要,也确实在当时发挥了道德规范的整合和导向作用。但全面建成小康社会和基本实现现代化的关键阶段，如果在个人或国家任何一方有偏颇，都难以引导人们最大限度地整合力量实现"中国梦"，所以必须从社会主义核心价值观所倡导的国家、社会、个人三个层面着力，才能全面而科学地规范人们的行为。社会主义核心价值观所倡导的国家、社会、个人三个层面的价值导向，是立足中国现状，面向全面小康和现代化，面向中华民族伟大复兴的，也符合道德规范调整"适当超前"的规律。社会主义核心价值观的内涵，不仅仅继承和弘扬了中华传统美德和革命道德的精华，而且还充分吸收和借鉴了当代世界道德发展的成果，特别是如何处理个人与国家、个人与社会的关系上，使用了民主、平等、自由、公正、法治等资本主义国家常用的词汇，我们采用的是这些词汇的科学内涵，而不是它们的实现方式。

　　第二，社会主义核心价值观在公民层面的价值规定，即"爱国、敬业、诚信、友善"这八个字，也就是当代公民道德的基本规范，社会主义核心价值观涉及了国家、社会、个人三个层面，而个人是中心，因为个人是国家的主人，社会是由很多个人组成的，每一个人的道德水平，不仅仅决定了他个人的生活方式、处事方式，还直接影响了一定范围甚至整个社会风气、国家文明状况。所以，任何国家的意识形态，归根到底都要引导公民个人道德。社会主义核心价值观在公民层面"爱国、敬业、诚信、友善"这八个字的价值规定是在《公民道德建设实施纲要》的基础上提出的。二十字基本道德规范中的五个基本规范中，有四个在具体文字表述上作了进一步的概括和提炼，即把"爱国守法、明礼诚信、团结友善、勤俭自强、敬业奉献"这二十个字凝练为"爱国、敬业、诚信、友善"这八个字。其中第一个规范"爱国"也是"五爱"的首要内容。可见，社会主义核心价值观中公民层面的"爱国、敬业、诚信、友善"这八个字体现出了新中国成立以来道德规范发展的历史连续性。只有人民有信仰了，国家才会有力量，民族才会有希望。假如说培育和践行社会主义核心价值观的基础是重视公民个人道德建设，那么，选择符合时代要求、当代国情、世界潮流的公民基本道德规范，是培育和践行社会主义核心价值观的前提。

　　1996年党的十四届六次全会通过的《关于加强社会主义精神文明建设若干重要问题的决议》，把道德规范分为"社会公德、职业道德、家庭美德"三个层面，并对这三个具体道德规范的内涵作了具体的规定，即"大力倡导文明礼貌、助人为乐、爱护公物、保护环境、遵纪守法的社会公德，大力倡导爱岗敬业、诚实守信、办事公道、服务群众、奉献社会的职业道德，大力倡导尊老爱幼、男女平等、夫妻和睦、勤俭持家、邻里团结的家庭美德"。2001年中央印发的《公民道德建设实施纲要》，肯定和继承了这三个具体道德规范的内涵。

党的十七大在肯定"三德"建设的基础上,提出了加强个人品德建设的要求。党的十八大在阐述了社会主义核心价值观后,在强调社会公德、职业道德、家庭美德、个人品德建设的同时,又进一步提出了弘扬中华传统美德的要求,使我国公民道德发展为社会公德、职业道德、家庭美德、个人品德和传统美德等五种具体规范。

第一节 以社会主义核心价值观引领社会公德

"公德"二字我们并不陌生。作为道德修养的内容之一,公德体现在人们日常生活的各个方面,体现在人们日常行为之中。比如文明礼貌、助人为乐、爱护公物、保护环境、遵纪守法等。公德是法律、纪律的必要补充。纪律、法律无法约束乱扔垃圾、贪图小便宜、不让座、乱插队、见死不救等行为,其实,在大多数人的内心深处,是有公德意识的。当他们的言行有悖于社会公德时,如果有人提醒、规劝或批评,就能够唤醒他们的良知,进而遵守社会公德就会成为他们的自觉行为。

一、社会公德

社会公德是社会生活中最简单、最普通的行为准则,它可以维持社会公共生活正常、有序、健康进行,它包含文明礼貌、助人为乐、爱护公物、保护环境、遵纪守法等特质。社会主义核心价值观对社会层面的定义为"自由、平等、公正、法治",这充分体现了社会公德的要义。换句话说,社会公德是全体公民在社会交往和公共生活中应该遵循的行为准则,是公民应有的品德操守。人人都希望我们的社会充满公平正义。而公平正义是在法治保障和道德引领的前提下实现的。公德是社会行为准则的约定俗成,是公民的自觉,也是社会成员的相互监督和约束。法制健全,社会秩序才能有序运转;公德成风,人民群众才会有幸福感。在加强法治建设、倡导社会主义核心价值观的今天,追求社会公德是必然的发展要求。人无信不立,国无德不强。国与国之间的竞争,不仅是经济实力、科技水平的竞争,也是国民素质的竞争,而国民素质又取决于社会公德水平高低。社会公德是整个社会道德水平的基础,是社会文明程度的一个重要标志。

二、文明礼貌

讲文明懂礼貌，是做人的基本要求。人生在世，学习做人最先是从讲文明懂礼貌开始的。当孩子咿呀学语时，父母就会教其文明礼貌，进入学校，老师就会教其文明礼貌，进入社会，更要求讲文明懂礼貌。讲文明懂礼貌会使人际关系和谐，也可以给自己带来快乐，带来温馨。

"明礼"，需要持久的教育。家庭教育、学校教育、社会教育与自我教育应该成为一个有机的系统，以增强人们讲文明懂礼貌的自觉意识、公德意识，完善公民的道德人格。"明礼"，要求自觉行动。个别人谈起不文明礼貌的现象时表现得忧心忡忡，可是轮到自己了照样不讲文明礼貌。要改变这种状况，就需要每个人从一言一行开始，言行一致，而不能只说不做。在单位上要从领导做起，给群众做出榜样。在家庭中要从家长做起，为孩子做出表率。家长不应该只盯着孩子的学习成绩，更要重视文明礼貌的教育，注重孩子的道德修养。最基本的，像不随地吐痰、不乱扔垃圾，不插队，学会让座位等，都是需要大人在日常生活中做出榜样的。

"明礼"，需要社会管理。文明礼貌不仅要靠自觉，还要靠规矩。完善的社会管理，是形成全社会讲文明懂礼貌的有力保证。不论领导还是群众、大人还是孩子，都应该遵守规矩。规矩不能有例外、不能有特殊，不能有弹性。只有综合运用舆论、教育、行政、法律等手段，形成严格的监督机制，"明礼"才可能成为个人的良好的习惯，进而成为整个社会的良好新风尚。

文明礼貌体现了一个人的道德修养，是调整微观境遇中人际关系的言行规则，是中华民族的优良传统。"仁德"要求人们在日常生活中相互尊重、恭敬礼让、诚而不欺、宽厚宽容、礼貌相待。这不仅是个人道德修养的基本要求、是个人文明修养的反映，也是社会道德面貌的表现，反映了社会发展程度和进步状况，体现了一个民族的整体素质。文明礼貌就要求人与人之间要以礼相待、诚信友善、互尊互爱；表现在态度方面，就是谦虚随和、和睦可亲；表现在语言方面，就是委婉客气，而不是恶语相向；表现在行为方面，就是宽容礼让。每个人在人际交往中都要做到仪表端庄、谈吐文明。社会各领域人们的言行要符合特定的社会角色期待和要求，按照社会角色规范行事。社会越是进步发达，就越是需要人们在社会生活和人际交往过程中强化文明礼貌意识，努力使自己成为讲文明懂礼貌的人。

三、助人为乐

助人为乐是指具备高尚道德情操的人关心、爱护和帮助他人的道德行为，助人为乐的人把帮助别人作为自己的快乐，这是利他行为在人际交往中的体现。当他人或集体的生命或财物受到威胁时,个人应该伸出援助之手,帮助他人摆脱困境,使他人生命得以延续,使集体财产免受损失。在他人有困难时,能够替他人着想,帮助他人脱离困苦,这就是社会公德的体现。在日常生活中,亲人之间嘘寒问暖,邻里之间和睦相处,公共生活中尊老爱幼,人与人之间平等互利。助人就要"急他人之所急、忙他人之所忙。"为群体为他人着想,而不是麻木不仁。要把他人的事放在心上,把帮助别人变成一种习惯,让助人友善之风劲吹。助人为乐可以促进人际关系的和谐,进而增强社会凝聚力。

四、爱护公物

公共财物指的是国家或集体的财产,是人民群众的共同劳动成果,是为了保证社会的有序运转,为了有利于人民群众生活、工作和学习而建的公共设施,是公共生活得以正常进行的物质基础。只有保护好公共财物,人民群众的正常生活需要才可以得到满足,社会生产才可以正常进行。爱护公物是基于个人利益、集体利益和国家利益相结合的集体主义原则,是社会公德的基本要求,我们要合理利用公共财物,自觉维护公物的完整性,确保公共财物可以可持续使用。对于路灯、街边设施、绿地、公用管道、公园花木、名胜古迹等公共财物要倍加爱护。我们要珍惜人民群众的劳动成果,爱护草木砖瓦,保持天然生态,保持环境整洁卫生,使公共文化资源得到最大化的保护。不浪费、损坏、盗窃或霸占公共财产,保护集体利益和财产,而不是损公肥私。要坚决同浪费、损害和侵占公共财物的行为作斗争,杜绝破坏公共财物的行为。

五、保护环境

习近平强调:"人类发展活动必须尊重自然、顺应自然、保护自然,否则就会遭到大自然的报复,这个规律谁也无法抗拒。""人因自然而生,人与自然是一种共生关系,对自然的伤害最终会伤及人类自身。只有尊重自然规律,才能有效防止在开发利用自然上走弯路。"①

生态环境是我们赖以生存的家园。良好的生态环境是保证国家经济和社会可持续发展的前提,是维护人类命运共同体的体现,要实现经济可持续发展,首先必须转变经济发展方式,努力建设环境友好型和资源节约型社会,强化公民环保意识。我国自改革开放以来综合国力显著增强,虽然经济发展取得很大进步,但是生态环境却受到了严重的破坏。由于过度开发,破坏了生态平衡,生态危机日益严重,环境污染事件甚至环境公害事件时有发生。对待环境,不仅要满足我们当前的需要,也要为子孙后代留下青山绿水,这样才能真

---

① 《人民日报》2017年8月4日第1版。

正实现可持续发展。人们要尊重自然,敬畏自然,强化人们的生态环保意识,只有加强生态环境保护,人类才能可持续发展。我们不能随意破坏生态系统,而是要提高资源的使用效率,自觉维护生态系统的良性运转,有节制地开发和利用自然资源,使生态系统得以优化,文明社会的基本要求是高品质的生产和生活环境,我们应该自觉保持小区清洁卫生,维护公共场合的清洁卫生,保护我们的生态环境,让它更加干净整洁、舒适优美。

总之,第一,我们要努力实现社会公德的日常化。让社会公德的培育、践行常态化、长效化,培育的目的是要不断增强其持续性,弱化运动性;既要坚持弘扬又要不断优化,既要常抓实践又要推陈出新,要实现持续性和创新性的有效统一。第二,实现社会公德的具体化。在共性与个性的辩证统一中推进社会公德的培育、践行,也就是要把一般号召同个别指导相结合,要根据时空的变化、对象的差异,运用尊重差异、尊重个性、尊重创新的培育方案和践行模式。第三,实现社会公德的法治化。法制是社会公共生活秩序得以正常运行的制度保障,也是形成和维持良好社会秩序的有力保障。在市场经济条件下,我们不但要保障市场主体利益,而且不损害社会公众利益,让市场经济行为在规范有序进行的环境中运行,就必须加强法制建设,严惩违法行为。正如党的十八届四中全会《中共中央关于全面推进依法治国若干重大问题的决定》指出的"实现科学立法、严格执法、公正司法、全民守法,促进国家治理体系和治理能力现代化。"[1]

第二节 以社会主义核心价值观支撑职业道德

《公民道德建设实施纲要》指出:"要大力倡导以爱岗敬业、诚实守信、办事公道、服务群众、奉献社会为主要内容的职业道德,鼓励人们在工作中做一个好建设者。"[2]

一、爱岗敬业

1.重要性

---

[1]新华网.北京2014年10月28日电。
[2]《公民道德建设实施纲要》.人民出版社,2001年,第8页。

职业态度问题是我们踏上工作岗位以后首先要解决的问题。职业态度指的是人们对自己所从事工作的认识和劳动态度，为了教育从业人员端正职业态度，就需要提倡爱岗敬业精神。

第一，爱岗敬业是中华传统美德。在我国历史上首次提出爱岗敬业的是孔子。他认为，无论做人还是做事都要"敬事而信"。《礼记·学记》并提出"敬业乐群"的概念，"敬事""敬业"指的是工作过程中要聚精会神。敬业和爱岗是相辅相成的，爱岗是敬业的前提，只有热爱本职工作，才能做好它，爱岗是敬业的心理依托。

第二，严峻的就业形势要求我们爱岗敬业。人们的职业选择是受客观生活环境和社会历史条件制约的。当前我国的就业形势严峻，因为我国人口基数大、劳动人口多，人力资源优势较明显，但要把人力资源优势转变成人力资本优势、人才优势，则必须依靠国民素质的提高。因为国民素质的高低在很大程度上影响着国家经济的发展程度，因此，那些拥有先进专业技能且爱岗敬业的人，就业时就会有明显的优势。

2.要求

正确的择业观。正确的择业观包括：首先，认清就业形势，当前的就业形势很严峻，我们要转变就业观念，选择适合自己的职业。其次，要明白尽管社会分工各不相同，但职业并无高低贵贱之分。就像刘少奇曾经对时传祥所说的，我是国家主席，你是掏粪工人，我们只是社会分工不同。

二、忠于职守

德国著名政治家俾斯麦说过："我对青年的劝告只用三句话就可概括，那就是，认真工作，更认真地工作，工作到底。"我们在自己的工作岗位上，必须认真、勤恳，忠于职守。忠于职守，就是要求忠于自己的职业，把本职工作该做的事情全部做好，而不该做的事坚决不做，要有职业道德底线。尤其党员领导干部，要做忠于职守的模范，带头做好自己的本职工作，总体上看来，大部分党员领导干部都起到了模范带头的作用，但个别人依然存在不符合职业道德要求的现象。例如迟到早退、懈怠行事、利益抢着争、麻烦躲着走，有的不收好处不办事，收了好处乱办事，把岗位职责看作谋取私利的"摇钱树"。要做到忠于职守，必须做到以下几点：首先，要树立全心全意为人民服务的理念，为人民服务不能仅仅停留在口头上，而要落实到行动上，只有忠于职守才能把全心全意为人民服务落到实处，忠于人民和忠于职守是相辅相成的；其次，要用制度约束自己，每个行业，每个部门都会有自己的制度要求，比如岗位责任制度、上下班制度、办事流程制度、考核奖惩制度等等，制度作为对从业者的一种约束,是忠于职守的底线,我们不仅要学习制度,更要自觉地、常态化地遵守制度,遵守制度为忠于职守提供了保障。

三、诚实守信

许慎在《说文解字》注释到"诚,信也","信,诚也"。由此可见,诚与信的含义是相同的,诚信是立国之本。孟子认为:"诚者,天之道也;思诚者,人之道也。至诚而不动者,未之有也;不诚未有能动者也。"他把"诚"看作是发扬人的善性后达到的最高境界。诚信是个人修养的内在基础和根本要求,在孔子看来,仁义是君子人格的最高境界,而诚信是达到仁义的基本途径,"信近于义",即只有做到诚信才能接近仁义,进而学到做人的基本道理,"与朋友交,言而有信。虽曰未学,吾必谓之学矣。"《大学》中提出:"物格而后知至,知至而后意诚,意诚而后心正,心正而后身修"。在儒家文化中,诚信作为为人的根本,是人的内在价值所在。《中庸》说:"诚者,物之终始,不诚,无物。是故,君子诚之为贵。诚者,非自成己而已也,所以成物也。"即"诚",是自然的道理,万事万物的本末终始都离不开它,没有"诚",就没有万事万物了。所以,君子把"诚"看得特别宝贵,"诚",并不仅仅是为了成就自己而已,而是要拿他来成就万事万物。

党的十八大明确回答了我们党举什么旗、走什么路、以什么样的精神状态、朝着什么样的目标继续前进,是我们党在新时期的政治宣言、思想指南、行动纲领和大政方针,具有鲜明的指导性、创新性、实践性和人民性。大会报告提出了许多新思想、新观点、新论断和新部署,在十八大政治报告有关诚信的提法,主要有三处:第一处是在第六部分"加强社会主义核心价值体系建设"中首次用24字简要概括了社会主义核心价值观的基本内容:"倡导富强、民主、文明、和谐,倡导自由、平等、公正、法治,倡导爱国、敬业、诚信、友善,积极培育和践行社会主义核心价值观"。由此可见,诚信是社会主义核心价值观的重要内容之一,我国公民都应普遍遵守。第二处是在第六部"全面提高公民道德素质"中提出的:"深入开展道德领域突出问题专项教育和治理,加强政务诚信、商务诚信、社会诚信和司法公信建设。"此处提到了四个方面的诚信建设,而政务诚信则位居首位。之所以将政务诚信建设排在最前面,是因为政务诚信建设是其余诚信建设的标杆。第三处是在第十二部分"全面提高党的建设科学化水平"中提到"坚定理想信念,坚守共产党人精神追求"时指出"抓好道德建设这个基础,教育引导党员、干部模范践行社会主义荣辱观,讲党性、重品行、作表率,做社会主义道德的示范者、诚信风尚的引领者、公平正义的维护者,以实际行动彰显共产党人的人格力量"。因为共产党是执政党,所以党员、干部必须要"做诚信风尚的引领者"。构建诚信社会必须明确什么是诚信社会赖以建立的基础。正如万俊仁教授所说的："市场经济体制本身所蕴含的社会信用潜力还需要社会法制系统的强力支持,需要社会信用伦理规范的支持,需要良好的社会文化和公民诚信道德的道义精神支持。"①

四、办事公道

办事公道是比爱岗敬业和诚实守信更高一个层次的职业道德。办事公道指从业人员在处理公务时要有公正的态度,对被服务对象要按照同一标准和原则去服务,不偏不倚、公平公正。当然,办事公道还要求从业人员要廉洁自律,秉公办事、不以权谋私,不唯利、不唯情、不唯上、不唯权。《管子·明法》："是故官之失其治也,是主以誉为赏,以毁为罚也。然则喜赏恶罚之人,离公道而行私术矣。"强调根据人们的评价来奖赏或处罚。

五、奉献社会

韦伯认为职业活动的动力是巨大的,这也是资本主义经济迅速发展的根源。韦伯认为"如果完成某种职业不能与最高尚的精神和文化价值观念直接相联,或者从另一方面说,假如它根本无需使人感到是一种经济强迫力量,那么人们一般就不会做出任何努力,去为它寻找存在的根据。"②我们积极主动地从事职业活动不能仅仅为了个人利益,更不是为了个人享乐,而应该有一种崇高的价值目标,这样,职业活动的动力才会是自愿奉献社会的精神。新教伦理认为,只有人们的职业活动与高尚的精神文化价值联系起来,在从事经济活动的过程中变成一种强大的精神动力,才能够推动资本主义生产方式的进步。韦伯说,在资本主义高度发展的今天,单纯地追求财富已经没有宗教意义和伦理意义了,更多地凸显出了娱乐竞赛的特征。奉献社会不仅是职业道德中的最高境界,也是一种人生境界,更是一种高尚人格的体现。与爱岗敬业、诚实守信、办事公道、服务群众相比较,奉献社会则是职业道德中的最高境界。爱岗敬业,诚实守信是作为对从业人员职业行为的最低要求。达到这两项要求,才能做好其他工作。办事公道和服务群众是在前两项要求的基础上的提升,在更高一层的道德修养基础上才能实现。奉献社会,则是这些要求中最高的道德境界。一个人只有达到一心为社会做奉献的道德境界,他才能更好地完成本职工作,这也就是全心全意为人民服务。

---

①万俊仁.信用伦理及其现代解释[J].孔子研究,2002,(5)。
②《书屋》2017年第4期。

第三节 以社会主义核心价值观升华家庭美德

家庭是社会的基本细胞、是人生的第一所学校,包含着夫妻、长幼、邻里等关系,家庭美德是正确处理家庭关系的基本准则。只有正确地处理家庭问题和正确地化解家庭矛盾,才能较好地培养和发展爱情、亲情和友情。家庭美德的培养,不仅关系到每一个家庭的幸福,而且有利于社会的和谐发展。所以,我们要大力弘扬以尊老爱幼、男女平等、夫妻和睦、勤俭持家、邻里团结为主要内容的家庭美德。

家庭美德要特别强调"节俭"和"廉洁"。强本节用,开源节流,我们应该旗帜鲜明地反对铺张浪费,反对奢靡享乐之风,弘扬勤俭节约之风,使勤俭精神广为弘扬,让奢靡攀比之风无处遁形,使勤俭意识深入人心,让勤俭行为化为自觉,最终使勤俭成为社会风尚。提到"廉洁",人们往往会与公务员、领导干部联系在一起。其实,如果换个角度思考,廉洁不仅是一种职业道德,而且还是一种不容忽视的家庭美德。

新修订的《中国共产党廉洁自律准则》首次把廉洁齐家,自觉带头树立良好家风作为党员领导干部廉洁自律以及提高自我修养的重要内容之一。"齐家"第一次被列入党的规章中,这是一个重要的信号——领导干部家风建设受到空前关注。良好的家风是反腐败的一道屏障。家庭是反腐败的重要场所,好的家风引导人们积极向上,给人正能量,为廉洁奉公提供了精神支撑,像防火墙,帮助我们守住纪律这条底线、筑牢理想信念这条高线。习近平同志指出,很多腐败之祸的起因"不在颛臾而在萧墙之内也"。纵观党的十八大以来所查处的大案要案,不难发现,大部分都与治家不严有关,几乎每个腐败分子的背后都有一个复杂的家庭、亲情和人情圈子,例如夫妻帮、父子兵,甚至是全家"总动员",而这些圈子是以领导干部为中心构筑起来的。可见,良好的家风是领导干部为人做官的"保险栓",抵御歪风邪气的"防火墙"。家庭美德加入廉洁自律、廉洁互律的内容,一是要让家庭成员深刻认识到,不仅要勤俭持家,更要廉洁护家;二是要让廉洁成为立身之本、立家之本、立国之本;三是要把反腐倡廉的职业道德教育和廉洁齐家、廉洁兴家的家庭道德实践相结合;四是要强化公职人员廉洁反腐的心理素质。

"要积极传播中华民族传统美德,传递尊老爱幼、男女平等、夫妻和睦、勤俭持家、邻里团结的观念,倡导忠诚、责任、亲情、学习、公益的理念,推动人们在为家庭谋幸福、为他人送温暖、为社会做贡献的过程中提高精神境界、培育文明风尚。"①家庭美德是时代的产物、是历史的沉淀。随着历史车轮不断向前推移,它的内涵也必然发生变化。当前,我国正处于改革深化期和攻坚期,社会转型加快,全球化、信息化、网络化、城镇化的程度不断提高,人们的思维方式、价值观念、精神信仰以及行为方式都发生了很大变化。在这样的背景下,我们要建设的家庭美德应该紧密结合社会主义核心价值观,融入符合时代精神的尊老爱幼、男女平等、夫妻和睦、勤俭持家、邻里团结等观念。

一、尊老爱幼

我国自古就倡导"老有所终,幼有所养",谁不孝敬父母、不善待子女,就会被世人唾骂为"缺德",情节严重的还会受到法律的制裁。所以,尊老爱幼,不仅仅是每一个公民必须遵守的道德准则,也是每一个公民应该尽的社会责任和法律义务。

尊老的基本要求就是赡养。我们对父母的赡养不应该仅仅是物质方面的,比如,有的子女尽管在物质生活方面承担了赡养老人的义务,但是对长辈却缺乏爱心,冷冰冰地给点钱便想一了百了,不闻不问,让父母"端着碗不觉饭香,用到钱心感隐痛"。正如孔子在《论语·为政》篇中所说的:"今之孝者,是谓能养。至于犬马,皆能有养;不敬,何以别乎"。孝,不仅是你赡养着父母,你们家的马和狗你都养着它们,能说"孝"吗?若不尊敬父母那和养牲口有什么区别?所以对父母精神方面的赡养更为重要,何为"精神赡养"?就是子女要通过各种形式和方法,安抚和慰藉老人的心理和精神,使老人充分感受到自我存在的价值,从而消除其孤独感,最后达到精神上的满足。

尊老要做到以下三点:无论老人财产多少,是否有劳动能力,身体是否健康,我们都要尊敬和爱戴;爱幼,即父母要教育和抚养子女,抚养和教育子女,是父母必须承担的法律义务和道德责任。没有父母的无私关爱,子女就不可能健康成长。爱幼具体体现在抚养和教育两个面,抚养就是要在生活上关照子女,使他们吃得饱、穿得暖,能够健康成长,同时,还应让他们经受艰苦生活的锻炼,使他们具备健康的体魄、健全的人格和良好的性格,以便适应社会的需要;教育不仅要求父母给子女传授基本知识、生活经验,而且还要传授

---

① 2016年12月12日,习近平在第一届全国文明家庭代表大会上的讲话。

做人的准则。《论语》记载,有一次孔子在院子里边晒太阳,孔鲤从门前经过,孔子看到说:"孔鲤,站住!"孔鲤吓一跳,说:"老爹,么事?"孔子说:"学礼乎?"孔鲤:"还没有"。孔子立刻脸色一板:"不学礼,无以立",不学礼的话无法立足于社会。故事还没有完,又有一次孔子在院子里边晒太阳,孔鲤从门前经过,孔子说:"孔鲤,过来!"孔鲤很紧张:"老爹,么事?"孔子说:"学诗乎?"孔鲤吓坏了,说:"还没有"。孔子很恼火,说"不学诗,无以言"。不学诗,话怎么能说好呢?这个故事反映了一个父亲对儿子的期望,有两样必学的东西,礼和诗。但我个人认为,最重要的,反倒是"学"这个字,诗和礼只是学习的对象,体现了孔子作为一名父亲,教子严格的一面。

所以,父母对子女不能一味溺爱,不能娇生惯养,尤其要注重对孩子道德品质的培养,千万不能自觉不自觉地向孩子传递负能量。比如刘铁男,在他儿子小时候就教育他,做人要学会走捷径,结果父子一起锒铛入狱。在对子女进行抚养和教育的过程中,父母要以身作则,起模范带头作用。

二、男女平等

"男女应该平等"是一条反映两性关系正确走向的真理,既然是真理,它就必然具有一切真理所具有的属性:既具有绝对性,也具有相对性。

由此可见,我们对男女平等的认识,也要看到它是绝对真理和相对真理的统一。说它是绝对的,是因为只有平等地处理两性关系,人类社会才能协调发展;说它是相对的,是因为它总是在一定发展阶段、一定范围和一定层次上才能实现。我们既不能怀疑男女平等的合理性,要坚持不懈地从相对平等向绝对平等努力;又不能把它简单化,操之过急地要求马上做到在一切方面都实现男女平等,或是形而上学地以平均主义来代替平等。那些认为男女平等是不可能的,或是把男女平等同男女都一样画等号,或是希望在社会主义初级阶段能在一切方面都实现男女平等的种种观点显然违背了真理的绝对性和相对性属性。在不同社会角色之间寻求平等是不现实的,也是永远不能实现的。在男人和女人之间,只有在"人"的意义上,才能找到不受时间和空间限制、普遍适用的社会角色。也只有承认女人和男人一样都是大写的人,男女之间才会有一个完美的等号。因此,我们认为,只有人格平等才是男女平等的永恒内涵。

生活就像一个大舞台,每个人都在扮演各种各样的角色。不同的社会角色有不同的角色位置、角色规范、角色要求和角色期望。对社会来说,每一种社会角色都有它特定的权利、责任和义务。一个人以什么角色身份出现,便会产生什么样的影响、受到什么样的待遇、具备什么样的地位。所以,我们在界定男女平等内涵的时候,只能要求同一社会角色的平等,即同一社会位置的平等。凡是法律赋予公民的权利,在"公民"这一角色范畴内,男女应该平等;具备同一种职业身份,从事同样的劳动,做出同样的贡献,男女收入应该平等;同样是大学生,就业就应该以才能取人,而不应该以性别画线;同样是家庭的一员,就不应该有男尊女卑、重男轻女之分。

男女平等,要求处理好不同性别之间的人际关系。封建社会,男女是不平等的,社会主义社会要求男女平等。这种平等既表现在社会上,又表现于家庭中。在社会表现上,男女有同样的就业、参政、言论、交往等平等权利,也有同等的服务于社会的义务。在家庭表现上,当男人拼命拉着家庭之船的纤绳前行的时候,女人不能只是坐在船头荡悠悠;当妻子被沉重的家务压得喘不过气来的时候,丈夫要积极主动地投身到家务劳动中去,分担家务的繁杂与琐碎,分享劳动的光荣和快乐。应当指出,那种认为在家庭中女人应多承担一些家庭义务的传统观念,是不符合男女平等原则的。同时,男女平等还体现在以下几个方面:第一,就夫妻双方而言,双方的老人,无论是男方的老人还是女方的老人,都有平等的受尊敬和被赡养的权利;第二,就老人自身而言,无论是男是女,即无论是晚辈的父亲还是母亲,无论是公公还是婆婆,无论是岳父还是岳母,都有平等的受尊敬和被赡养的权利;第三,对子女而言,无论是儿子还是女儿,都有平等的被抚养和受教育的权利,不能重男轻女;第四,对重新组合的家庭而言,无论是对待男方的亲生子女,还是对待女方的亲生子女,都要一视同仁,不能厚此薄彼。

三、夫妻和睦

夫妻和睦,要求处理好婚姻对象之间的关系。婚姻关系是家庭中主要的、决定性的关系,其他关系如亲子关系等都是由婚姻关系派生的。因此,夫妻关系如何,决定着整个家庭关系的好坏,其情感关系往往决定着一个家庭的圆满与残缺。夫妻和睦的前提条件是男女平等和婚姻自由。夫妻在婚姻自由的前提下以爱情为基础相互结合,这就意味着,双方具有平等的人格,因此,在财产关系和家庭事务上具有平等的权利,在赡养老人和抚养子女上具有平等的义务,要互敬互爱。敬爱的周恩来总理和邓颖超同志提出的"八互",即互敬、互信、互爱、互勉、互帮、互让、互谅、互慰,是我们正确处理夫妻关系的道德准则。

所谓互敬,就是夫妻要相敬如宾,以礼相待,夫妻之间不论门户是否相当,也不管职位高低或是才能大小、文化程度高低,不论是来自城市还是来自乡村,都要相互尊重。

所谓互信,就是夫妻双方要互相信任,不能互相隐瞒和猜疑,要以诚相见。

所谓互爱,就是夫妻之间要相亲相爱,以和为贵,和睦相处。恩格斯提出:"双方的相互爱慕应当高于其他一切而成为婚姻基础。"诚挚而纯洁的爱情是美满婚姻的基础,互爱要求丈夫要尊重、体贴妻子,不无故责难对方,要关心妻子的工作、生活和学习,为妻子排忧解难,妻子要尊重、关心和体贴丈夫。

所谓互勉,就是在工作、学习和思想进步方面,夫妻之间要互相支持、互相勉励、比翼齐飞、共同进步,要互相鼓励对方向更好的方面努力。

所谓互帮,就是在工作、学习和家务劳动等方面,夫妻之间要互相关照、互相帮助。夫妻之间要在学习上互相促进,工作上互相帮助,家务上共同分担,不能互相推诿。

所谓互让互谅,就是夫妻双方要互相谦让、互相谅解,互相之间多为对方着想,不要为一些日常琐事而大动干戈。当夫妻之间发生矛盾时,各自要多作自我批评,多看对方的优点,多找自己的缺点。面对生活要勇挑重担,把轻松让给对方,把辛劳留给自己。

所谓互慰,就是既要宽慰,又要安慰,当对方在工作和事业上遇到不顺心的事情时,要及时劝慰、开导。

四、勤俭持家

勤俭节约是中华民族的传统美德,同时也是使人成才的必经之道,勤劳不仅可获取财富,而且也是获取知识,提高才干的重要途径。资料显示,曾国藩家族至今八代中何以代代都有才俊,共出有240多位优秀人才,就在于曾国藩倡导的勤俭的良好家风影响深远,历久弥新的《曾国藩家书》,其中谈得最多的就是勤俭二字,他在家书中反复苦口婆心地陈述自己这种勤俭的缘由,天下官宦之家,多只一代享用便尽,其子孙始而骄佚,继而流荡,终而沟壑,能庆延一二代者鲜矣。李嘉诚要求儿子生活上克勤克俭,不求奢华,在给孩子零花钱时,要先从中扣除10%,名曰所得税,以此让孩子懂得钱不是你想要多少就有多少的道理,要懂得用钱时要节俭。

我国民间也流传着许多勤俭持家的格言, 如"勤是摇钱树,俭是聚宝盆"、"俭以养德"、"一粥一饭当思来之不易,半丝半缕恒念物力维艰"等。"人无俭不立,家无俭不旺,国无俭必亡。""兴家犹如针挑土,败家犹如水冲沙。"一个家庭的富裕,离不开开源节流、勤俭持家;一个国家的强大,需要全民养成节约习惯、形成勤俭之风。全社会都要警醒起来,坚决地反对铺张浪费的不良风气,共同培育积极健康的文明风尚。习近平总书记在新华社一份《网民呼吁遏制餐饮环节"舌尖上的浪费"》的材料上作出批示,要求大力弘扬中华民族勤俭节约的优秀传统,努力使厉行节约、反对浪费在全社会蔚然成风。

五、邻里团结

俗话讲:"远亲不如近邻",良好的邻里关系,邻居间的互相关心互相帮助,不仅有助于我们克服困难,还能为我们营造一个良好的生活环境。邻里团结是家庭美德的基本规范之一,按照邻里道德的要求来规范自己的行动,对于树立社会主义的社区新风有着重大意义。在我国古代,人们在生活中需要的帮助很多,大概是由于儒家思想的影响,邻里之间的关系很好,并留下了很多佳话。比如:明朝礼部尚书杨翥居住在京城,平日骑驴上朝或外出。他对驴子很喜欢,每天上朝回家,亲自为驴子喂料并经常照看。杨翥的邻居是一位老头,快六十岁的时候生了个儿子,老来得子夫妻自然非常高兴。但这个孩子一听到杨翥的驴子叫就哭个不停,搞得全家人都不得安宁。可杨翥是朝廷大官,这家人也不敢向杨翥说这个事。眼看那孩子一听到驴子叫就哭,饮食也明显减少,父母最后还是把这件事和杨翥说了。杨翥听后二话没说,随即就把自己的驴子卖了,从此外出或上朝都靠步行。

这是杨翥卖驴的故事,这段邻里之间的佳话激励着以后的人与邻居之间和睦相处,互相帮助,互相关心。随着生活水平的不断提高,高楼越建越多,邻居之间物理距离越来越近,然而心理距离越来越远。当防盗门和猫眼隔离了邻居的隐私,相应地也阻断了咫尺之间的问候,邻居成为"最熟悉的陌生人"。当然我们也该看到,日渐疏离的邻里关系是生活节奏的加快、居住方式的变迁以及社会结构的日益多元化诸多方面共同作用的结果。住房结构的改变导致我们从"熟人社会"步入"匿名社会",人们保护个人隐私的意识不断增强,社会分工的细化与专业化程度的提升、科技的发达使人们相互依赖感降低,生活节奏的加快更迫使大家放弃交流的时间和渴望。有人做过一项关于邻里关系的调查,结果显示:高达57%的人对邻居持无所谓的态度,26%的人用了"冷淡"来形容自己和邻居的关系,更多的人选择了"一般",这样的"一般"仅仅限于知道"这个人是咱们小区的",或者是"这个人有点面熟"。熟识的16%则居住于"单位的房子",邻居们原本就是同事。社会学家胡光伟分析,新型社区中业主之间的利益关系不大是造成这种态度的根本原因,有无邻居,有什么样的邻居,对个人的生活几乎不造成影响。

实际上,邻里关系看上去是件小事,但折射出社会发展所带来的人与人之间关系的变化。只有当每一个社区里的居民都和睦相处,整个社会才能和谐发展。

第四节 以社会主义核心价值观涵养个人品德

"人而无德,行之不远",如果一个人没有良好的品德修养,即使他才华出众也终究难成大器。无才无德是废品、无才有德是次品、有才无德是危险品、有德有才是正品。这充分说明个人品德修养的重要性,个人品德修养是社会公德、职业道德、家庭美德的前提和基础。所有的社会道德原则和规范,只有内化为自觉的个体道德修养、形成个体的道德品质、发挥它的道德功能,才能调整人与人、人与社会、人与自然的关系。个人品德是社会公德在个体身上的凝结和体现,是在处理人与人、人与社会关系的过程中表现出的稳定特征。康德曾说:"道德管行为的动机;法律管行为的结果"。人是道德的主体,意志自觉是道德活动的前提,不是自觉的行为不是道德行为。

一、包容谦和

关于"包容",古希腊有句谚语说:"包容是美德中最绚丽的花朵";我们中国人认为"海纳百川,有容乃大"。包容作为一种高尚的品质,要求"纳人、容人、悦人。"包容就像炎夏的凉风一样给人清爽;又像寒冬的暖炉一样给人温暖。当然,宽容并不是一味地委曲求全,无原则的忍让并不是宽容,而是胆怯、懦弱。二战期间的德国医生海尔曼,不仅医术精湛,而且医德高尚,不辱医生的使命,治好了情敌、小偷的病,然而,当盖世太保来到他的诊所时,他却毫不犹豫地刺死了他,在纳粹法庭上他给出了答案:"现在,最大的天职是反法西斯"。所以说,宽容一定要有原则,原谅错误就是宽容,而原谅罪恶就是懦弱。在我国古代被传为佳话的"六尺巷"的故事,就是关于"宽容"的鲜活例证。宽容是一种美德,让我们的社会更加和谐。

关于"谦和",有人认为是顺从众议;有人认为是为人和蔼;那么,到底什么是谦和呢?《晋书·良吏传·邓攸》曰:"性谦和,善与人交,宾无贵贱,待之若一。"谦和,不仅是一种心态,也是为人的一种修养,更是做人的一种素质。因为谦和,周文王才请到了姜尚,有了周朝的兴盛;因为谦和,齐桓公才得以称霸诸侯;因为谦和,唐太宗才得到降将尉迟恭死心塌地的辅佐。真正谦和的人,必定是个宽宏大量、潇洒豁达而又高瞻远瞩的人。当然,谦和是有底线的,也是在把握原则的基础上做到的。

二、求真向善

关于"求真",指的是追求真理、直面问题,在遵循事物变化发展的客观规律的基础上,务求实效。具体的就是要做到因时而进、因事而化、因势而新,求真的过程也就是不断地寻找真相、不断地认识本质的过程。

关于"向善",是指愿意做一些对他人和社会有益的事,要不忘初心,还要坚守理想。善的事物首先得是真实的,真善美总是具有内在的逻辑统一性,而假恶丑是统一的。

三、自尊自强

"自"的本意是"己身、本人",《诗·小雅·节南山》中"不自为政,卒劳百姓"中的"自"指的就是本人。"自尊"是自我爱护和自我尊重,不允许别人侮辱、歧视,也不卑躬屈膝,自尊是可贵的精神品质、是一个人的脊梁,自尊的人不仅爱护自己,也会依靠自身的努力去提高和发展自己,在生活中、工作中以身作则,一个真正懂得自尊的人才会尊重别人。

《现代汉语字典》中关于"自强"的解释是:"自己努力向上,奋发图强"。自强就是个体不断地提升自我,发挥自身潜能。所谓"天行健,君子以自强不息。"自强,对个人来说就是要自力更生、对企业来说就是要有知识产权、对国家来说就是要独立自主。

四、平和理性

一切行为都要受思想的指导,要真正做到平和理性,第一,要解决思想态度问题。要有联系群众的意识,水能载舟亦能覆舟、得民心者得天下,如果没有人民群众的支持,就注定要打败仗。所以,我们领导干部要扎根基层、依靠群众、服务群众。第二,要切实增强责任意识。只有牢记自己的使命,甘为人民的公仆,才能得到人民的爱戴。第三,要加强自身修养。打铁必须自身硬,领导干部提高自身修养是实现平和理性地为人民服务的基础,具体来说,就是要有敏锐的观察力,把平和、理性的理念运用到工作、生活中。

五、慎独慎微

习近平总书记在兰考县常委扩大会议上讲话中提到:"干部不论大小,都要努力做到慎独慎初慎微"。

1.慎独

慎独是儒家文化的重要组成部分,《大学》《中庸》《礼记·礼器》《荀子·不苟》和《五行》等先秦儒家经典对慎独都有论述,在《大学》篇中,"诚其意"对应的是"慎其独";《中庸》所谓的"慎其独"也就是君子"戒慎乎";《礼记·礼器》"中礼之以少为贵者,以其内心也"对应"慎其独",强调要尊崇内心之德,处世守礼要不惧外界影响;《荀子·不苟》篇说"夫此顺命,以慎其独者也。"强调通过诚心守仁,君子能达到至德的境界;简帛《五行》篇中引《诗》论慎独,有"君子慎其独也"。东汉"四知太守"杨震以"天知、地知、你知、我知"为由拒收厚礼,成为慎独典范。慎独是评价一个人道德水平的关键,也是加强个人道德修养的重要方法,更是补足理想信念之"钙"的关键,对党员领导干部来说,一旦放松世界观的改造,"总开关"拧不紧,理想信念发生了动摇,就会失守道德防线,把"当官不为民做主,不如回家卖红薯"变成"当官不为人民币,不如回家去种地"。我们要做到上不欺天、外不欺人、内不欺己,以慎独而自省,"举头三尺有神明",每动一个念头,都认为天知、地知,有所畏有所止。

2.慎微

慎微是"谨小慎微",注重细节,注重小事,《资治通鉴》中说"尽小者大,慎微者著",一个人只有努力做好每一件小事,才能干好大事;相反,一个领导干部的腐化堕落,也是从小到大、从轻到重,从"量变"到"质变"的过程。而这个过程,就像温水煮青蛙,起初不经意,最后一发不可收拾。比如探望病人、节日庆典、红白喜事等等,大家都有送礼的习惯,这也是行贿受贿的借口,党员领导干部如果做不到"慎微",就容易被别人钻空子。从最开始的土特产、小红包、烟酒茶到后来的无所不收。"祸福常积于忽微",我们应该从日常工作和生活点滴做起,努力做到"慎微",坚决不做有损人格、有污官德的事,这样才能"仰不愧天,俯不愧地"。

社会主义核心价值观可以涵养个人品德,作为个体道德认知的"指示灯"以及道德实践的遵循,社会主义核心价值观不仅是国家的德、社会的德,更是个人的德。所以,我们有必要以社会主义核心价值观涵养个人品德,缺少社会主义核心价值观的涵养,个人品德的形成就会缺少土壤,也就不会形成全社会的道德共识。

社会主义核心价值观是个人品德修养的精神映射。人们只有在满足了物质生活需求之后,才开始追求精神生活的满足,在不断追求精神生活的过程中逐渐形成自我的理想人格,社会主义核心价值观可以为个人品德的形成奠定基础,它可以充实个人品德。因此,把提升个人品德与社会主义核心价值观的培育和践行相结合,可以实现"双赢"。培育和践行社会主义核心价值观的同时,个体品德也会得到触碰、产生共鸣,在发挥社会主义核心价值观涵养作用的过程中,模范行为可以感召个体、进而带动个体,是道德社会构建的重要旗帜,可以把个人品德内化于心,外化于行。"中国之所尚,在圣贤。"①

构建道德社会必须要有模范人物的引领,我们应该充分发挥道德模范的感染力,要树立大众熟知、形象鲜明、认可度高的道德典型,同时加强对道德模范人物及其事迹的宣传力度,引领社会风气向好、向善。比如"最美人物"、"感动中国"人物等评选活动都是很好的示范。党员领导干部要充分发挥带头作用,讲道德、办实事、树模范。当然,道德社会是要靠全民共建,而不是仅仅依靠少数人的超群出众,道德社会的最终目的是要实现全民共享。"只有大多数人的拼死相争、见义勇为,甚至牺牲,才会使邪恶势力得到有力的遏制,才会有良好的社会环境。"②

六、个人品德建设要与其他道德建设相结合

个人品德属于私德范畴,私德的特征是自决性、自律性;家庭美德、职业道德、社会公德属于公德范畴,公德的特征是制度性、他律性。梁启超曾说:"人人独善其身者,谓之私德;人人相善其群者,谓之公德,二者皆人生所不可缺之具也。"当然,公德和私德是密不可分的,私德的实践过程离不开公德的外在表现,家庭美德、职业道德、社会公德为个人品德的实践提供了平台;同时,个人品德又是家庭美德、职业道德、社会公德实现的基础,引领社会公德的形成和发展。所以,提升个人品德修养,要"四德"并重,真正做到严私德、守公德、明大德。

小结

2013年12月23日,中共中央办公厅印发的《关于培育和践行社会主义核心价值观的意见》,提出了推进中国特色社会主义伟大事业、实现中华民族伟大复兴中国梦。在当前全球化状态下各种思想文化频繁交流,社会思想意识多元化,巩固马克思主义在意识形态领域的领导地位、凝聚人心、共同实现"两个一百年"任务具有重要的历史意义和现实意义。《关于培育和践行社会主义核心价值观的意见》与2001年中央颁布的《公民道德建设实施纲要》,还有2006年提出的以"八荣八耻"为核心内容的"社会主义荣辱观"一起构成了新世纪中国共产党不同时期道德建设的系列方针和主张。从形成了适应社会主义市场经济的社会主义道德体系,到确定了我国当代最基本的价值取向和行为准则,再到引导人民群众追求更高的道德理想,它们三者之间的关系是

---

①梁漱溟.《中国文化的命运》.中信出版社,2010年,第62页。
②朱力.《转型期中国社会问题与化解》.中国社会科学出版社,2014年,第371页。

内在统一的,它们都体现了不同时期的道德要求,都具有鲜明的时代特征。现在,社会思想道德建设进入了新的发展时期,社会主义核心价值观是我党关于社会发展理论的新成果,这对当前我国的思想建设和道德建设都起着积极的引导作用。

第一,引导人民群众成为当前道德建设的主体。人民群众是社会进步的主力军,不仅是道德的建设者,也是受教育者。社会主义核心价值观必须要依靠人民群众、要发挥人民群众的主体力量,道德建设是个长期而且复杂的过程,因为个人品德必须在个人社会实践的基础上才能形成和发展,不可能脱离实践形成一套完整的社会主义道德观,所以,我们必须接受已经成型的道德观的培养,也就是用社会主义核心价值观引导我们形成个人品德、家庭美德、职业道德和社会公德。因为生活和工作的环境不同,人民群众的道德水平也各有差异,但我们不能因为个人原因就降低社会道德的标准,或者用一个绝对的标准来衡量所有人,社会主义核心价值观具有广泛性和先进性的特点。所以,我们要采用不同阶层人民群众都喜闻乐见的方式来宣传社会主义核心价值观、弘扬社会主义核心价值观。

第二,积极弘扬社会主义道德。马克思主义认为"统治阶级的思想在每一时代都是占统治地位的思想"。思想道德建设需要有道德标杆和精神支柱,而社会主义核心价值观则是当今社会的道德标杆和精神支柱。在当今社会,我们必须坚守社会主义的主流意识形态,努力形成社会主义的思想道德观。

第三,抵制错误思潮。毋庸置疑,因为当前社会是价值多元化的社会,所以仅仅依靠单一的意识形态和价值观不可能统一社会思潮,所以我们要通过整合和发展,以马克思主义作为指导,用社会主义核心价值观引领多元化的社会思潮。当然,我们不能毫无底线地容忍错误思潮,而要坚决地同错误思潮做斗争。要关注当前意识形态领域的焦点和热点问题,根据实际情况,对当前意识形态问题进行合理的分析和评论,并且要通过媒体和舆论的力量、通过公众和社会的力量,揭露和批驳错误思潮,并分析其产生的根源、发展的趋势、与其他思潮之间的联系,通过正确的引导,以主流的和正确的思潮冲淡错误思潮的消极影响,把错误思潮限定在可控的范围内,运用多种途径弘扬社会主义核心价值观,并将其落细、落小、落实。道德是属于理性化范畴的,实现社会主义核心价值观,使道德规范大众化,就要通过创新的方式关注教育和实践方式。

由于当前意识形态领域中"感性化、生活化、学术化"的特征越来越明显,随着意识形态领域不断地发生新的变化,我们要通过积极的探索,把理论教育和实践活动相结合、榜样示范与自我教育相结合、灌输与互动相结合、舆论引导和文艺感化相结合、制度手段和非制度化方式相结合，使道德教育呈现通俗性、生动性、多样性的特点，增强其影响力、渗透力、感召力。习近平总书记在中央政治局第十三次集体学习时强调，把培育和弘扬社会主义核心价值观作为凝魂聚气、强基固本的基础工程。习总书记指出："价值观的宣传必须通过融入社会生活，利用各种机会去进行，在"落细、落小、落实"上下功夫"。"个人素质一小步，民族素质一大步"。我们为什么要在落细、落小、落实上下功夫？因为个人是道德建设的主体。道德规范经常体现在公民的日常行为中，因为日常生活中更多的是平淡和琐事，然而，恰恰是通过每个人的言行举止这各种小事，各种细节可以反映出一个民族、一个国家整体的道德水准和价值追求。"我怎么样，中国便怎么样"，所以，加强道德建设，需要我们每个人择善而从、从善如流。中华优秀传统美德深深植根于民族灵魂，有"仁义礼智信"的价值判断、有"温良恭俭让"的行为准则、有"忠孝悌慈爱"的处世之道、有"恭宽惠敏信"的为政之要。

第六章 社会主义核心价值观与培养时代新人

党的十九大报告指出,培育和践行社会主义核心价值观,要以培养担当民族复兴大任的时代新人为着眼点。这一重要思想观点,聚焦实现中华民族伟大复兴的历史使命,进一步明确了社会主义核心价值观建设的出发点和落脚点。"培养担当民族复兴大任的时代新人为着眼点",深刻回答了"培养什么人、如何培养人"这一根本问题。中国特色社会主义进入新时代,要"培育什么样人"呢?就是要"培养担当民族复兴大任的时代新人",要把"培养担当民族复兴大任的时代新人"熔铸于社会主义核心价值观的培育和践行之中,要"强化教育引导、实践养成、制度保障,发挥社会主义核心价值观对国民教育、精神文明创建、精神文化产品创作生产传播的引领作用,把社会主义核心价值观融入社会发展各方面,转化为人们的情感认同和行为习惯"。也就是说,要培养勇于担当民族复兴大任、做基本实现和全面实现社会主义现代化强国的合格建设者和卓越贡献者。这是中国特色社会主义新时代培育和践行社会主义核心价值观新的重要遵循。

第一节 重视培养人是我们党的光荣传统

人的培养与发展。为谁培养人、培养什么样的人,怎样培养人,是培养人问题中一个带有根本性和全局性的重大问题,它是确定培养事业发展方向,指导整个培养事业发展的战略原则和行动纲领。一定社会发展阶段,对于培养人问题总是与这一发展阶段的经济、政治和文化有着不可分割的联系,尤其是与一定社会发展阶段的目标紧密联系。因此,在不同的历史时期或者相同的历史时期,因需要不同对"为谁培养人、为谁服务,培养什么样的人,怎样培养人"这一重大问题强调某个方面也可能不同,表述也会有所不同。马克思主义认为,人的本质在其现实性上是一切社会关系的总和,人与社会是密不可分的,人是社会的人,社会是由人组成的。人作为社会的主体,其存在方式是社会。所以人的培养与社会的进步是在历史的发展过程中紧密联系、不可分割的,其发展过程是一个自然历史过程。社会全面进步是与人的全面发展相统一。列宁指出,共产党的基本任务就是帮助培养和教育劳动群众。我们党在继承和发展马克思主义关于人的全面发展的理论基础上,结合我国实践历程,始终把培养一代新人作为重要任务,使群众认识自己的利益,并且团结起来为自己的利益而奋斗,形成了我们党重视培养人的光荣传统。

一、革命战争年代,培养抗战救国的干部

1937年5月,毛泽东在《为争取千百万群众进入抗日民族统一战线而斗争》一文中谈道:"我们党的组织要向全国发展,要自觉地造就成万数的干部","这些干部和领袖懂得马克思列宁主义,有政治远见,有工作能力,富于牺牲精神,能独立解决问题,在困难中不动摇,忠心耿耿地为民族、为阶级、为党而工作"。毛泽东在这里明确回答了"为谁培养人、为谁服务,培养什么样的人,怎样培养人"这一重大问题。①1938年10月,毛泽东在《中国共产党在民族战争中的地位》一文阐述了干部"才德兼备"的四条标准:一是忠诚于党的事业,能够坚决地执行党的路线,服从党的纪律;二是献身于革命工作,能够不谋私利;三是扎根于群众之中,能够和群众有密切的联系;四是胜任于各项任务,能够有独立的工作能力,积极肯干。"才德兼备"这一目标及其基本标准的提出,是中国共产党在干部教育认识上的一个质的飞跃。②以毛泽东为代表的中国共产党人,在中国新民主主义革命过程中,充分继承了马克思主义经典作家的干部教育思想,并结合中国革命实际和中国共产党自身实际对之进行了丰富和发展,这主要体现在以下几个方面:一在继承马克思主义经典作家提出的无产阶级政党需要知识和人才的思想的基础上,提出要造就一大批德才兼备的干部。既坚持了干部要有"才",同时又强调了干部还要具备"德";二在继承马克思主义经典作家提出的重视干部教育的思想,特别是斯大林提出的"干部决定一切"思想的基础上,提出在革命的所有工作中"干

---

① 转引自张腾霄.《中国共产党的干部教育》.中国人民大学出版社,1988年,第3页。
② 《毛泽东选集》第1卷.人民出版社,1991年,第527页。

部教育第一"的思想,并结合抗战时期的实际强调在干部教育中"在职干部教育第一"的重要思想;三是在继承马克思主义经典作家提出的重视知识分子出身的干部思想的基础上,提出要大量吸收和改造知识分子以充实党的干部队伍。毛泽东的干部教育思想是新民主主义革命时期中国共产党干部教育的灵魂,它既反映了马克思列宁主义干部教育理论的共同规律,同时又具有鲜明的中国特色。毛泽东的干部教育思想是指导革命时期党的干部教育的重要思想武器,通过教育使党的干部队伍保持了凝聚力和战斗力,领导中国人民完成反帝反封建的新民主主义革命,实现了中国历史上最伟大最深刻的社会变革。

二、新中国成立后,培养革命化专业化的社会主义建设者

1938年,毛泽东在《在民族战争中的地位》中指出:"政治路线确定之后,干部就是决定的因素"的著名论断。毛泽东十分欣赏斯大林"干部决定一切"的说法。他1937年谈到革命依靠干部时引用了斯大林这句话,认为中国共产党是在一个几万万人的大民族中领导伟大革命斗争的党,没有众多德才兼备的领导干部,是不能完成其历史任务的。因此,着手有计划地培养大批的新干部,就是我们的战斗任务。

首先,1956年,毛泽东在谈到我国远景规划,在几十年努力改变我国经济、文化落后状况,达到世界先进水平时说,"决定一切的是要有干部,要有数量足够的、优秀的科学技术专家。"

其次,毛泽东提出和制定了一整套正确的干部路线和干部政策。毛泽东在长期革命实践中,提出要用全面的、历史的、发展的观点来考察和识别干部,在使用干部的问题上要搞五湖四海,还提出了指导干部、提高干部、检查监督干部的工作和照顾干部的困难等一套培养爱护干部的原则;为党制定了一套完整的德才兼备的干部标准和"任人唯贤"的党的干部路线。他指出,我们党的干部政策,应当以能否坚决地执行党的路线,服从党的纪律,和群众有密切的联系,有独立的工作能力,积极肯干,不谋私利为标准。这是正确的干部路线和干部政策。我们党历来是遵照这条路线和政策去培养、选拔干部的。

再次,毛泽东提出了"培养造就千百万无产阶级革命事业接班人"的伟大战略方针。那么,如何培养革命事业的接班人呢?在这个问题上,毛泽东强调,革命接班人只有在生产斗争、阶级斗争和科学实验这三项伟大的革命运动中,才能源源不断地造就出来。他说:"无产阶级革命事业的接班人,是在群众斗争中产生的,是在革命大风大浪中成长的,应当在长期的群众斗争中,考查和识别干部,挑选和培养接班人。"因此,毛泽东主张,干部应该到基层去锻炼,在实践中与群众打成一片,获得实际的经验,获得正确的思想,从而教育自己,联系和组织革命群众,同资本主义和封建主义势力作尖锐斗争,确保社会主义江山永不变色。毛泽东认为,革命事业的接班人除了具备革命化条件外,还要有专业化的条件,他强调广大干部队伍要努力做到"又红又专"。

三、进入改革开放新时期,培养四有公民

邓小平同志认为,选好接班人是一个关系到我们党和国家生死存亡与长远利益的战略问题。①中国的事情能不能办好,社会主义和改革开放能不能坚持,经济能不能快一点发展起来,国家能不能长治久安,从一定意义上说关键在人。他从以下几个方面阐述了选好社会主义事业接班人的重要性。一是实现党的基本路线关键在于选好接班人。正确的政治路线要靠正确的组织路线来保证。组织路线的基本内容就是要选拔培养又红又专、德才兼备的干部。党的十一届三中全会以来的一系列路线、方针和政策的核心是"一个中心、两个基本点"。它已被实践证明是正确的。要保证这条路线管一百年不动摇,主要在于选好坚决贯彻执行党的基本路线的干部作为社会主义事业的接班人。二是无产阶级的历史使命要求选好接班人。巩固和发展社会主义制度是一个相当长的历史阶段,需要我们几代人、十几代人、甚至几十代人不懈的努力奋斗。没有一代代坚持走社会主义道路的人来接班,就不可能建成社会主义、最终实现共产主义。三是干部新老交替的客观规律要求必须尽快选好接班人,这样才能保证老一辈无产阶级革命家开创的社会主义事业后继有人。四是粉碎帝国主义和平演变的图谋就必须选好接班人。帝国主义把和平演变的希望寄托在我们的后代人身上。邓小平同志曾经深刻地指出,我们这些老一辈的人在,有分量,敌对势力知道变不了,但我们这些老人呜呼哀哉后,谁来保险?因此,抵御和平演变的关键在于教育好我们的党员、人民和青年,在于选好社会主义事业的接班人。选好接班人关系到老一辈革命家开创的事业交给什么人的问题,它不只是革命领导权的交接,更重要的是党的事业继往开来的问题。选不好接班人,即使搞了几十年甚至上百年的社会主义建设,垮起来也是顷刻间的事。面对我国内部改革开放的大好形势和外部错综复杂的国际环境,选好接班人的问题变得更加实际而紧迫。社会主义及其改革开放能不能坚持,经济能不能快点发展,国家能否长治久安,关键在于选好社会主义的接班人。所以,必须从战略的高度深刻认识邓小平同志关于社会主义事

---

① 屈广跃.《邓小平社会主义事业接班人思想撷要》.党校论坛.1992年6月29日.

业接班人的思想。

邓小平同志多次谈到接班人的标准,而贯穿于这些标准的基本点有两条:一是党性强;二是拥护党的十一届三中全会的政治路线和思想路线。针对干部年龄过大、精力不够的状况,他反复强调要选年轻人来接班。为适应四化建设的需要,提出要建立一支坚持社会主义道路、具有专业知识和能力的干部队伍。1980年8月,邓小平同志在《党和国家领导制度的改革》的讲话中肯定了陈云同志提出的干部标准,使社会主义事业接班人的标准有了确切的语言表述。确立了具有中国特色的社会主义事业接班人的标准,即按照"革命化、年轻化、知识化、专业化"的要求,把人民公认又坚持改革开放路线并有政绩的、德才兼备的人,大胆地放进新的领导机构里,使人民感到我们真心诚意地搞社会主义事业。

十五大报告中明确指出:"建设有中国特色社会主义文化,必须着力提高全民族的思想道德素质和科学文化素质,为经济发展和社会全面进步提供强大的精神动力和智力支持,培育适应社会主义现代化要求的一代又一代有理想、有道德、有文化、有纪律的公民",并强调指出我国文化建设长期而艰巨的任务就在于全面提高国民素质,培养造就适应现代化建设需要和要求的社会主义"四有"新人。江泽民在继承邓小平社会主义"四有"新人思想的基础上,立足现阶段我国社会主义现代化实践和当今时代发展,就人的塑造问题提出了许多具有极强针对性和时代感的新思想、新观点。自十六大以来到党的十七大,胡锦涛创造性地先后回答了一系列思想政治教育"为谁培养人、培养什么人"以及我们"如何培养人"这一根本性的重大问题,先后提出了"社会主义荣辱观","育人为本、德育为先","社会主义核心价值体系"等一系列关于思想政治教育理论论述,是胡锦涛思想政治教育思想一个质的飞跃,进一步丰富和完善了党的思想政治教育理论体系,标志着胡锦涛思想政治教育思想随着党的思想政治工作理论的发展而不断走向成熟。

四、进入新时代,我们党提出培养担当民族复兴大任的时代新人

党的十八大以来,习近平强调全面建成小康社会、实现中华民族伟大复兴将在青年的拼搏、奋斗中变成现实,丰富了胡锦涛"人的培养问题的思想"。习近平重视提升青年思想道德素质,强调青年要树立和培育社会主义核心价值观,要求青年勤奋学习、修炼品德、明辨是非、踏实做事,这是对胡锦涛对青年进行社会主义核心价值体系教育、"四个新一代"要求思想的丰富。

党的十九大立足我国全面建成小康社会,放眼建设社会主义现代化强国、实现中华民族伟大复兴的蓝图愿景,明确提出了到2035年要基本实现现代化,到2050年要全面实现现代化的战略目标。这是中国特色社会主义进入新时代的实践逻辑。基本实现和全面实现现代化、实现中华民族伟大复兴,对教育和人才的需要比以往任何时候都更加迫切,对教育的发展和人才的渴求比以往任何时候都更加强烈。党的十九大提出"要以培养担当民族复兴大任的时代新人为着眼点",对培育什么样的"时代新人"作出了明确规定,赋予了当今中国教育的时代责任和历史使命,要求当今中国的教育必须适应中国特色社会主义进入新时代的新形势新任务新需要,坚持正确政治方向,坚持为巩固和发展中国特色社会主义制度服务、为改革开放和建设社会主义现代化强国服务。

综上所述,我们党历来重视人的培养问题。从历史的纵向来看,培养人的问题始终以马克思的关于"人发全面发展"为价值导向,以培养社会主义建设者和接班人为己任,结合时代责任与历史使命,形成了我党的优良传统,从一定的历史发展阶段来看,培养人的问题始终围绕为谁培养人、培养什么样的人、怎样培养人,为谁培养人是我们培养的人为谁服务的问题,是态度是立场。培养什么样的人以及怎样培养人的问题是时代的需要,国家的需要,社会的需要。习近平同志在党的十九大报告中还深刻阐明了"时代新人"核心内涵就是"担当民族复兴大任"。

第二节 培养时代新人是社会主义核心价值观建设的根本问题

社会主义核心价值观建设,说到底是人的思想建设、灵魂建设,聚焦的是造就具有正确世界观人生观价值观的社会主义建设者。人是社会实践的主体,既被现实社会所塑造,又在推动社会进步中实现自身发展。建设什么样的社会、实现什么样的目标,人是决定性因素。①

一、社会主义核心价值观建设就是要造就社会主义建设者和接班人

社会主义核心价值观建设,说到底是人的思想建设、灵魂建设,聚焦的是

---

① 黄坤明.培育和践行社会主义核心价值观[N].人民日报,2017年11月17日第6版。

造就具有正确世界观人生观价值观的社会主义建设者。人是社会实践的主体,既被现实社会所塑造,又在推动社会进步中实现自身发展。建设什么样的社会、实现什么样的目标,人是决定性因素。

社会主义核心价值观建设是造就具有正确世界观人生观价值观的社会主义建设者,这也是对马克思列宁主义关于人的培养理论的继承和发展,新时代的社会主义建设者说到底就是造就中国特色社会主义伟大事业的建设者和接班人。

首先,中国特色社会主义伟大事业是社会主义建设者和接班人的共同理想,社会主义核心价值观把涉及国家、社会和个人价值要求融为一体,成为我们当今时代价值目标的最大公约数,也成为中国特色社会主义伟大事业的建设者和接班人价值追求,明确说明我们要培养什么样的人以及怎样培养人的问题,我们要培养具有中国特色社会主义共同理想的时代新人,也只有在思想上认同,信念上坚定,才能成为中国特色社会主义伟大事业的建设者和接班人。随着经济全球化的日趋发展、市场经济的深刻转型、网络信息化进程的深入推进,社会阶层和利益格局不断分化,价值的多元化,不同群体和阶层的理想信念又产生显著差异,如果对时代新人的思想建设上抓不住理想信念这一灵魂,理想信念在理论和实践上产生困惑和混乱。

其次,中国特色社会主义伟大事业的建设者和接班人是托起中国梦,继续推进中国社会主义现代化事业的需要。习近平在参观《复兴之路》展览时提出"中国梦",之后不久,他进一步指出:"实现中国梦必须走中国道路、弘扬中国精神、凝聚中国力量。"这条道路就是中国共产党在坚持马克思主义基本原理基础上,结合我国具体实际而创造性开辟的正确道路。这种精神主要指的是以爱国主义为核心的民族精神和以改革创新为核心的时代精神。这股力量则是经过几千年的沧桑岁月,全国各族人民依然紧紧凝聚一起的强大力量。这条道路的继续、精神的弘扬以及力量的凝聚都源自于对理想信念的执着坚守,对自己的道路、理论、制度和文化有着坚定的自信,才能有效地预防国外意识形态殖民和克服国内民族虚无主义和历史虚无主义的错误倾向,确保我们站稳政治立场、抵御各种诱惑;才能有能力解决以超时空的方式叠加呈现出来的中国问题,实现人民幸福、民族振兴和国家富强。

最后,中国特色社会主义事业要以正在做的事情为中心,立足全面建成小康社会的目标,并进而为实现中华民族伟大复兴中国梦奠定基础。全面建成小康社会的核心在"全面",这个"全面"体现在覆盖人群上是包括全体人民的小康,决不让一个人掉队;体现在覆盖地区上是不分地区的小康,意味着全国各地都要迈入小康社会;体现在覆盖领域上是包括经济建设、政治建设、文化建设、社会建设、生态文明建设和党的建设,建成更高水平、更高质量、更加公平、更加和谐、更加绿色并惠及全体人民的小康社会。现在,我国距离2020年全面建成小康社会的第一个百年奋斗目标只有二三年时间,已经进入全面建成小康社会的决定性阶段。如期实现全面建成小康社会目标,要求我们必须紧紧抓住和用好我国发展的重要战略机遇期,坚定不移地全面深化改革,坚决破除一切妨碍科学发展的思想观念和体制机制弊端,进一步解放思想、解放和发展社会生产力、解放和增强社会活力,让一切创造社会财富的源泉充分涌流,推动经济社会全面发展进步,人民生活水平全面提高。要全面依法治国,坚持党的领导、人民当家作主、依法治国有机统一,坚持依法治国、依法执政、依法行政共同推进,坚持法治国家、法治政府、法治社会一体建设,加快建设社会主义法治国家,依法解决社会矛盾,维护社会和谐稳定。要加强社会民生建设,维护公平正义,在学有所教、劳有所得、病有所医、老有所养、住有所居上持续取得新进展,不断实现好、维护好、发展好最广大人民根本利益,使发展成果更多更公平惠及全体人民,在经济社会不断发展的基础上逐步实现共同富裕。全面建成小康社会关键靠实干,各级领导干部要牢记"空谈误国,实干兴邦"的道理,坚定理想信念,保持奋发有为的精神状态,提高推动科学发展的能力水平,切实改进作风,脚踏实地地创造新的更大的业绩,努力开拓中国特色社会主义事业更加广阔的前景。

中国特色社会主义事业是一项前无古人的开创性事业,艰巨性复杂性世所罕见、前所未有,特别是当前我国正处于由大向强的关键阶段,我们比历史上任何时期都更接近中华民族伟大复兴的目标,比历史上任何时期都更有信心,时代新人的培养,要以中国特色社会主义伟大事业为出发点,体现为谁培养,培养为了谁的问题。

二、造就建设者和接班人要以时代责任和历史使命为基础

习近平同志在党的十九大报告中还深刻阐明了"时代新人"核心内涵就是"担当民族复兴大任"。他强调,"要全面贯彻党的教育方针,落实立德树人根本任务,发展素质教育,推进教育公平,培养德智体美全面发展的社会主义建设者和接班人。"

首先,习近平提出的时代新人的内涵集中体现时代责任和历史使命,十九大报告的主题很明确,不忘初心,牢记使命,这个初心就是为中国人民谋幸福,为中华民族谋复兴,这个初心就是时代新人的时代责任和历史使命,时代新人是中国特色社会主义进入新时代对人的培养问题提出的必然要求,时代新人的培养就是中国特色社会主义进入新时代,意味着我们党向时代新人提出要实现中华民族伟大复兴的动员令和宣言书,意味着我们党领导人民开启了中华民族从站起来、富起来到真正"强起来"的新征程,意味着我国将实现从站起来、富起来到真正"强起来"的伟大飞跃。

其次,中国特色社会主义进入新时代,进行伟大斗争,建设伟大工程,推进伟大事业,实现伟大梦想,需要培育"时代新人",需要能够引领、团结、凝聚十几亿人共同奋斗的精神旗帜、科学指南、文化导向和道德基础。习近平同志指出:"我国是一个有着13亿多人口、56个民族的大国,确立反映全国各族人民共同认同的价值观'最大公约数',使全体人民同心同德、团结奋进,关乎国家前途命运,关乎人民幸福安康。""时代新人"不仅是社会主义核心价值观的传承者,更是社会主义核心价值观的创造者。只有坚持全民行动、干部带头,从家庭做起,从娃娃抓起,积极培育和践行社会主义核心价值观,中华民族伟大复兴的中国梦才能在全体人民一代接一代的不懈奋斗中变成现实。社会主义核心价值观是当代中国精神的集中体现,凝结着全体人民共同的价值追求。体现出了时代新人所要肩负的时代责任和历史使命。

最后,正确认识时代责任和历史使命,是教育发展和人才培养的重要思想基础。党的十九大立足我国全面建成小康社会,放眼建设社会主义现代化强国、实现中华民族伟大复兴的蓝图愿景,明确提出了到2035年要基本实现现代化,到2050年要全面实现现代化的战略目标。这是中国特色社会主义进入新时代的实践逻辑。基本实现和全面实现现代化、实现中华民族伟大复兴,对教育和人才的需要比以往任何时候都更加迫切,对教育的发展和人才的渴求比以往任何时候都更加强烈。党的十九大提出"要以培养担当民族复兴大任的时代新人为着眼点",对培育什么样的"时代新人"作出了明确规定,赋予了当今中国教育的时代责任和历史使命,要求当今中国的教育必须适应中国特色社会主义进入新时代的新形势新任务新需要,坚持正确政治方向,坚持为巩固和发展中国特色社会主义制度服务、为改革开放和建设社会主义现代化强国服务。

教育肩负着培养德智体美全面发展的社会主义事业建设者和接班人的重大任务。能否培养出中国特色社会主义事业的合格建设者和可靠接班人,是检验我国教育是否合格的根本标准。习近平总书记在高校思想政治工作会议上曾形象地指出:"一旦在办学方向上走错了,在培养人的问题上走偏了,那就会像一株歪脖子树,无论如何都长不成参天大树。"教育和人才,是一个国家的核心竞争力和软实力。教育兴则人才兴,教育强则国家强。因此,我国教育最重要的，就是适应中国特色社会主义在不同社会发展阶段的需要，解决好培养什么样的人、怎样培养人的根本问题。

三、"培养担当民族复兴大任"的时代新人是社会主义核心价值观建设的重要遵循

习近平同志在党的十九大报告中明确指出："要以培养担当民族复兴大任的时代新人为着眼点，强化教育引导、实践养成、制度保障，发挥社会主义核心价值观对国民教育、精神文明创建、精神文化产品创作生产传播的引领作用，把社会主义核心价值观融入社会发展各方面，转化为人们的情感认同和行为习惯。"这一重要论断，与中国特色社会主义进入新时代、开启全面建设社会主义现代化国家新征程相适应，指明了社会主义核心价值观的教育养成和发挥作用的根本目标和实现途径，为培育和践行社会主义核心价值观提供了重要遵循。

第一，"培养担当民族复兴大任的时代新人"是我国教育的时代责任和历史使命。教育和人才，是一个国家的核心竞争力和文化软实力。教育兴则人才兴，教育强则国家强。党的十九大立足我国全面建成小康社会，放眼实现中华民族伟大复兴的蓝图愿景，明确提出了到2035年基本实现社会主义现代化，到2050年建成社会主义现代化强国的战略目标。这是中国特色社会主义进入新时代的实践逻辑。基本实现社会主义现代化和建成社会主义现代化强国，实现中华民族伟大复兴，对教育和人才的需要比以往任何时候都更加迫切，对教育的发展和人才的渴求比以往任何时候都更加强烈。正确认识时代责任和历史使命，是教育发展和人才培养的思想前提和理论基础。

第二，"培养担当民族复兴大任的时代新人"深刻地回答了"培养什么人、如何培养人"的根本问题。教育肩负着培养德智体美全面发展的社会主义事业建设者和接班人的重大任务。能否培养出中国特色社会主义事业的合格建设者和可靠接班人，是检验我国教育是否成功的根本标准。因此，我国教育最重要的，就是解决好培养什么样的人、怎样培养人这个根本问题。党的十九大报告明确提出"以培养担当民族复兴大任的时代新人为着眼点"，就回答了"培育什么人"的问题；明确提出"强化教育引导、实践养成、制度保障，发挥社会主义核心价值观对国民教育、精神文明创建、精神文化产品创作生产传播的引领作用，把社会主义核心价值观融入社会发展各方面，转化为人们的情感认同和行为习惯"，就回答了"怎样培育人"的问题。

第三，"培养担当民族复兴大任的时代新人"是中国特色社会主义新时代社会主义核心价值观的价值体认。"培养担当民族复兴大任的时代新人"，是由中国特色社会主义新时代的发展目标所决定的,是由基本实现和全面实现社会主义现代化强国、实现中华民族伟大复兴的发展要求所决定的。中国特色社会主义进入新时代,必须用建设社会主义现代化强国、实现中华民族伟大复兴激扬每个中华儿女的人生理想和人生价值,激励受教育者自觉把个人的理想追求融入国家和民族的事业中,勇于担当民族复兴大任,勇做走在时代前列的奋进者、开拓者,做基本实现和全面实现社会主义现代化强国的合格建设者和卓越贡献者。

第四、"培养担当民族复兴大任的时代新人"是中华民族伟大复兴中国梦的必然要求。习近平指出:"实现中华民族伟大复兴,是光荣而伟大的事业,是光明和灿烂的前景。一切有志于这项伟大事业的人们都可以大有作为。"[①] 实现国家富强、民族振兴、人民幸福的中华民族伟大复兴中国梦,是近代以来中国人民追求的共同理想与美好愿望,是近代以来中华民族最伟大、最崇高的梦想。广大青年树立和培育社会主义核心价值观,必须立足实现民族复兴中国梦。青年树立和培育社会主义核心价值观立足实现民族复兴中国梦,就在于二者在根本上具有一致性。

习近平强调,中国的未来属于青年,中华民族的未来也属于青年。青年一代的理想信念、精神状态、综合素质,是一个国家发展活力的重要体现,也是一个国家核心竞争力的重要因素。当今中国最鲜明的时代主题,就是实现"两个一百年"奋斗目标、实现中华民族伟大复兴的中国梦。当代青年要树立与这个时代主题同心同向的理想信念,勇于担当这个时代赋予的历史责任,励志勤学、刻苦磨炼,在激情奋斗中绽放青春光芒、健康成长进步。中国梦蕴涵的国家富强、民族振兴、人民幸福层面的梦想追求与社会主义核心价值观指明的国家、社会、个人层面的价值取向,在本质上是一致的,共同致力于中国特色社会主义建设的生动实践,承载着中国梦的美好愿景。再者,实现中华民族复兴中国梦为青年树立和培育社会主义核心价值观提供了方向引领。中国梦作为新时期全国各族人民共同追求的理想和奋斗目标,为中国特色社会主义各项事业建设提供了方向引领,是社会主义精神文明建设的旗帜,为培育践行社会主义核心价值观标明了价值取向。青年只有立足中国梦,树立和培育社会主义核心价值观才能明确方向,长久坚持。还有,实现民族复兴中国梦为青年树立和培育社会主义核心价值观提供了实践场域。为实现民族复兴中国梦奋斗,既是广大青年成才发展应该牢固树立的远大理想,也是青年成

---

① 习近平.在欧美同学会成立100周年庆祝大会上的讲话[N].人民日报,2013年10月22日.

才发展的必由之路,这是总结历史发展的经验启示,也是当代中国青年的现实青春责任。当代青年只有在实现民族复兴中国梦的奋斗中,才能找到树立和培育社会主义核心价值观。

第三节 培育和践行社会主义核心价值观培养时代新人

社会主义核心价值观是社会主义文化最深层要素,是社会主义文化建设的引领和主导。

要把社会主义核心价值观作为国民教育之魂,推动社会主义核心价值观教育与学校教育、家庭教育、社会教育紧密结合,使之融入教育教学、校风学风。引导广大青少年扣好人生第一粒扣子。一个时代有一个时代的责任和历史使命。时代责任和历史使命,只有转化为每个人的价值追求和理想信念,才可能融入现实的社会发展进程中。人不学,不知义。做什么人,立什么志,具备什么样的道德素养,拥有什么样的世界观、人生观和价值观,教育是关键。"担当民族复兴大任"是国家大义、民族大义、时代大义。"培养担当民族复兴大任的时代新人"是中国特色社会主义新时代国民教育的时代责任和历史使命,没有这样的价值观作为教育的主导,就不可能培育出社会主义现代化强国事业和中华民族伟大复兴事业的合格建设者和可靠接班人。

一、培养时代新人,以立德树人为总原则

2014年5月4日,习近平在北京大学师生座谈会上讲话指出,广大青年树立和培育社会主义核心价值观要在"勤学"、"修德"、"明辨"、"笃实"上下功夫,为青年树立和培育社会主义核心价值观谋划了明确的科学路径。

1.在"勤学"上谋思路,要下得苦功夫,求得真学问

习近平强调:"知识是树立核心价值观的重要基础。"[①]即是说,青年必须把学习作为奠定核心价值观知识基础的重要方法和途径。这是因为:学习是青年成长发展的知识基础和条件。广大青年只有依靠不断学习,丰富学识、增

---

① 习近平.青年要自觉践行社会主义核心价值观——在北京大学师生座谈会上的讲话[N].人民日报,2014年5月5日。

长见识,才能够很好地发挥自身本领与才能、从而实现人生目标和展现人生价值。同时,历史经验和现实实践也告诉人们,适应党和人民事业发展需要依靠不断学习,正如习近平所说:"事业发展没有止境,学习就没有止境。"①"两个一百年"奋斗目标、民族复兴中国梦的实现离不开广大青年为之拼搏奋斗与贡献力量,而这需要青年们的勤奋学习。因此,青年应好好珍惜青春时光,把学习作为第一要务。既要有勤奋学习的危机意识、责任意识,更要在实际行动与具体实践中落实;既要时刻树立梦想依靠学习、学习促进远航的信念,更要把"学习作为一种责任、一种精神追求、一种生活方式";既要如饥似渴地学习,勤于学习、敏于求知,心无旁骛、刻苦钻研、持之以恒,活到老学到老,又要坚持学以致用,把学到的知识、掌握的本领用于实现民族复兴的伟大奋斗和光荣实践中。

2.在"修德"上谋思路,要加强道德修养,注重道德实践

道德不管对于个人还是对于社会都具有基础性的意义,表现在它既是个人为人处事的首要和方向,也是社会有序井然的基础和标尺。广大青年树立和培育社会主义核心价值观必须加强自身道德修养,以此筑牢培育和践行核心价值观的道德基础,这是由核心价值观的内容性质及青年在整个社会道德中的重要地位所决定的。一方面,社会主义核心价值观从根本上讲,其实质就是一种道德规范与准则,既是国家和社会的秩序井然、正常运行所应遵照的基本准则,也是个人处理与他人、社会、集体关系应遵循的道德规范,是处理国家、社会、个人日常关系的大德。另一方面,是因为"青年是引风气之先的社会力量"②,他们的精神面貌在一定程度上反映着国家民族的道德风貌与社会风气。一般说来,青年的思想道德状况表现出积极健康向上的特点,整个社会的风气和精神面貌会为之焕然一新。广大青年加强自身道德修养,要把对道德的正确认知、自觉养成、积极实践紧密结合起来,既要提高正确的道德认知,明大德、守公德、严私德,区分真善美、辨别假丑恶;又要加强自觉的道德养成和积极的道德实践,以高尚的道德情操严格要求自己,从小事、小节做起,学会劳动、勤俭、感恩、助人、自省、自律。

3.在"明辨"上谋思路,要善于明辨是非,善于决断抉择

习近平指出:青年在"面对世界的深刻复杂变化,面对信息时代各种思潮的相互激荡,面对纷繁多变、鱼龙混杂、泥沙俱下的社会现象,面对学业、情

---

① 习近平.在中央党校建校80周年庆祝大会暨2013年春季学期开学典礼上的讲话[[N].人民日报,2013年3月3日。
② 习近平.在同各界优秀青年代表座谈时的讲话[[N].人民日报,2013年5月5日。

感、职业选择等多方面的考量,一时有些疑惑、彷徨、失落,是正常的人生经历。"①由于改革开放和社会主义市场经济的不断深入发展,当代青年面临着思想多样化、文化多元化相互交织的复杂的社会环境,而这正是当代青年树立和培育社会主义核心价值观并在其指引下不懈奋斗的地方。因此,广大青年树立和培育社会主义核心价值观须在"明辨"上谋思路,即善于明辨是非曲直、区分善美丑恶,使自身在面临和处理关系人生方向与道路的重大问题时仍然保持着清醒的头脑、仍能找准人生的定位,以此打好培育和践行核心价值观的思想基础。要做到"学会思考、善于分析、正确抉择"掌握好人生的"总钥匙",也就是说,面对复杂的社会现象和艰难的人生抉择,掌握好"三观",找到指引人生方向的指路明灯,提供明辨是非曲直的正确标准,要学会冷静思考和沉着分析,遇事稳重自若、从容不迫,时刻保持理性分析问题,从而做出正确抉择。

4.在"笃实"上谋思路,要扎扎实实干事,踏踏实实做人

习近平指出:"道不可坐论,德不能空谈。"高尚的道德品格光靠嘴巴说是无法养成的,必须通过实践才能形成。社会主义核心价值观亦是如此,只有通过实践落脚到青年的实际行动中方能深入人心、发挥作用,唯有如此,方能夯实树立和培育社会主义核心价值观的实践基础。这是因为:只有在实践中检验、总结,核心价值观才能有生命力和影响力,也只有通过点滴实践,核心价值观才能内化为精神追求、信念理念,外化为自觉的行为习惯和生活方式。"空谈误国、实干兴邦"。广大青年树立和培育社会主义核心价值观须在"笃实"上谋思路,立足于实际行动,于实处用力,夯实核心价值观实践基础。广大青年要立足学习工作本职,从自身做起、从日常一点一滴做起,一步一个脚印,迈稳、迈实树立和培育社会主义核心价值观的步子,切忌心浮气躁、朝三暮四。同时,树立和培育社会主义核心价值观也非一日之功,不可能一赋而就,要久久为功、滴水穿石,以坚韧不拔、不折不挠的毅力把核心价值观的要求落到实处、进行到底。青年大学生在"笃实"上谋思路,就是要在日常生活、学习研究中不仅时刻以核心价值观的标准和要求指导、规范、约束自己的一言一行,明白应该做什么和不应该做什么,而且还要在一言一行中践行核心价值观的要求,做合格的人、做对的事。

5.在"落细、落小、落实"上下功夫

习近平指出:"一种价值观要真正发挥作用,必须融入社会生活,让人们

---

①习近平.青年要自觉践行社会主义核心价值观——在北京大学师生座谈会上的讲话[N].人民日报,2014年5月5日。

在实践中感知它、领悟它。要注意把我们所提倡的与人们日常生活紧密联系起来,在落细、落小、落实上下功夫。"①2014年5月,习近平在上海考察时指出:"培育和践行社会主义核心价值观,贵在坚持知行合一、坚持行胜于言,在落细、落小、落实上下功夫。要注意把社会主义核心价值观日常化、具体化、形象化、生活化,使每个人都能感知它、领悟它"。②这一论述从根本上回答和解决了青年树立和培育核心价值观如何"落细、落小、落实"的问题,即要使社会主义核心价值观日常化、具体化、形象化、生活化,这是青年树立和培育社会主义核心价值观又一总体要求。

在落细上下功夫,使社会主义核心价值观具体化。所谓落细,就是要使社会主义核心价值观落到具体的细节、细微上。"天下大事,必作于细。"以三个倡导、"24个字"为概括的社会主义核心价值观是在总结实践经验和集合各方思想认识基础上的高度凝练和集中表达,这就决定了其在形式和内涵上必然表现出宏观性、抽象性的特点;作为支撑和推动中华民族创新奋进、昌盛繁荣的精神动力,作为评判社会是非曲直的价值标准,其在立意与叙事上必然呈现出高远、宏大的特征。因此,广大青年落细社会主义核心价值观,必须使其具体化,能够看得见、摸得着、感受得到,如此才能落到日常生活的细节、细微之处,成为青年参照并自觉遵循的具体准则。广大青年在落细上下功夫,首先要从表达入手,将核心价值观以通俗化的语言表达出来,成为具体的、可操作的准则与要求。要把具体化的规范要求落到学习、生活、工作的细微之处,变成实实在在的各个项目,使社会主义核心价值观的每个内容在具体的生活实践中表现出来。要以日常的细枝末节为基础和示范,将核心价值观的要求表率出来。只有这样,社会主义核心价值观才能具体化,落到细节、细微之处。

在落小上下功夫,使社会主义核心价值观日常化。落小就是培育和践行社会主义核心价值观要从小事做起,由小及大、由近及远,"不积跬步,无以至千里;不积小流,无以成江海"讲的就是这个道理。所谓日常化,就是要在平日的生活、学习、工作等各项实践活动中,日日、时时、事事以社会主义核心价值观的价值准则为要求,用功于平时,经常、反复地践行核心价值观的价值要求,既无时无刻,又持之以恒。只有日日、时时、事事培育和践行社会主义核心价值观,使其日常化,才能落小。因此,广大青年在落小上下功夫,必

---

①《习近平谈治国理政》.外文出版社,2014年,第165页。
②习近平.当好全国改革开放排头兵不断提高城市核心竞争力[N]人民日报,2014年5月25日。

须在日常生活中日日践行、时时践行、事事践行社会主义核心价值观,潜移默化地影响自身日常行为。若以时间区分,今天做而明天不做,或者以场合区分,学校、工作单位做而生活中不做,则是与日常化要求背道而驰的;必须使培育和践行社会主义核心价值观成为自身习惯,即要经常性、反复性地践行。生活中,"三天打鱼,两天晒网"、"雷锋叔叔三月来,四月走"等现象就是与经常性、反复性要求相违背的表现。只有使践行社会主义核心价值观成为自身习惯,才能在日常生活小事中自觉遵循。唯有如此,广大青年才能使培育和践行社会主义核心价值观落小,才能"积跬步以至千里"。

在落实上下功夫,使社会主义核心价值观生活化。落实就是将社会主义核心价值观落到实处、落到实践行动中,不能光说不做、言而无行。所谓生活化,就是要使社会主义核心价值观融入青年日常学习、工作、生活及休闲方方面面之中,使其成为青年日常必需的生活构成和多样丰富的生活方式。社会主义核心价值观只有生活化,才能落实。一方面,社会主义核心价值观是现实生活的客观反映,是人们处理社会关系的现实需要,产生于人们的现实生活,存在于并深深融入人们的生活之中而非游离于生活之外。另一方面,人们只有在生活中才能使核心价值观的要求成为指导、规范和约束其实践活动的准则,使其落到实处,这也是社会主义核心价值观的最终归宿。因此,广大青年在落实上下功夫,必须把核心价值观融入生活,融入实际,在学校、家庭、社会等日常生活微观领域的言行举止中以核心价值观的要求规范和约束自己,自觉践行;必须用社会主义核心价值观解决生活实际问题,以社会主义核心价值观的要求标准评判是非曲直、辨别善恶美丑。

二、培养时代新人,加强国民教育

把培养担当民族复兴大任的时代新人融入教育教学。要求坚持从小抓起、从学校抓起。坚持育人为本、德育为先,围绕立德树人的根本任务,把"担当民族复兴大任"纳入国民教育总体规划,贯穿于基础教育、高等教育、职业技术教育、成人教育各领域,落实到教育教学和管理服务各环节,覆盖到所有学校和受教育者,形成课堂教学、社会实践、校园文化多位一体的育人平台,不断完善中华优秀传统文化教育,形成爱学习、爱劳动、爱祖国活动的有效形式和长效机制,努力培养德智体美全面发展的社会主义现代化强国和实现中华民族伟大复兴的合格建设者和可靠接班人。"培养担当民族复兴大任的时代新人",要求遵循教书育人的基本规律。中国特色社会主义新时代的教育,要注重引导中华儿女尤其是青少年学生正确认识世界发展大势和中国发展大势,从我们党探索中国特色社会主义的历史发展和伟大实践中,认识和把握人类社会发展的历史必然性,认识和把握中国特色社会主义进入新时代的历史必然性,不断树立为实现社会主义现代化强国、实现中华民族伟大复兴的共同理想;正确认识中国特色和世界发展形势,全面客观地认识当代中国、看待外部世界;正确认识时代责任和历史使命,把自我发展融入建设社会主义现代化强国、实现中华民族伟大复兴的实践洪流之中。

"以培养担当民族复兴大任的时代新人为着眼点",使社会主义核心价值观培育与践行更加入情入理、可亲可信、具体实在、深入人心,充满时代特点和生活气息。必须用建设社会主义现代化强国、实现中华民族伟大复兴鼓舞人心、凝聚共识,用社会主义核心价值观规范行为,形成全国上下同心同德、团结奋斗的磅礴力量。

三、培养时代新人,加强精神文明创建活动

把培养担当民族复兴大任的时代新人融入精神文明创建活动,体现到文明城市、文明村镇、文明单位、文明家庭、文明校园创建活动各方面。我们在城市的教育科学文化战线积极开展培育和践行社会主义核心价值观活动,扩大社会主义主流价值观念在城市的影响力,不断加强城市文化软实力的建设和保护,不断提高精神文明建设的质量和水平,培育广大市民特别是青少年对中国特色社会主义的道路自信、理论自信和制度自信,坚定正确的理想信念,树立正确的人生观和价值观,就能有效地抵制非社会主义价值观的侵袭和干扰,保证社会主义舆论的正确导向和城市精神文明建设的健康发展。习近平总书记强调指出:"一个国家的文化软实力,从根本上说,取决于其核心价值观的生命力、凝聚力、感召力。以培养时代新人引领城市精神文明建设,实质上是要把社会主义核心价值观的思想内涵作为城市精神文明建设的指导思想和精神动力,规范城市精神文明建设的具体举措,同时要把社会主义核心价值观的思想要求落实到城市的精神文明建设活动中去,培养我国每一位公民新时代特征的精神风貌。因此,综合运用教育引导、舆论宣传、文化熏陶、实践养成、政策制定、制度保障等方式,把时代新人的培养融入国民教育全过程,落实到经济社会发展各方面,使之内化为人们的精神追求,具体到每一个人,每一个家庭的自觉行动上。

1.加强精神文明建设,要把培养时代新人融入培养四有公民建设

精神文明创建其目的就是提高市民的精神文明素质。社会主义精神文明建设的根本任务是提高公民的思想道德素质,培养有理想、有道德、有文化、有纪律的社会主义公民。提高城市公民的文明素质,培养自身高尚的文明素质,共同建设城市新的精神文明风尚。

2.加强精神文明建设,要把培养时代新人融入社会公德、职业道德、家庭美德、个人品德建设

社会公德建设是城市精神文明建设的基础性工程,也是城市精神文明程度的"窗口"。社会公德是公民在社会活动中体现的美德,"公民的美德是公民个体履行公民责任与义务中逐步养成的适应社会的伦理品质,它是在公共领域中所展示的美德素养,是维护社会和促进公共利益,为公共利益效力的美德。社会公德又是社会精神文明的重要组成部分,所以从市民实践社会公德的自觉程度和普及程度,可以看出整个城市精神文明建设的状况。社会公德对社会道德风尚的影响稳定而深刻、广泛而持久,它发挥着维护城市社会秩序的稳定、公道、扬善惩恶的功能,在社会生产和生活中起着强大的舆论监督作用和精神感召作用。"爱国"是时代新人的基本素养,基于个人对自己祖国依赖关系的深厚情感,也是调节个人与祖国关系的行为准则。它要求人们以振兴中华为己任,促进民族团结、维护祖国统一、自觉报效祖国,这是公民最高层次的社会公德。同时生活在城市里,广大市民要培养自己的正义感和社会责任心感,努力做到讲文明礼貌、助人为乐、爱护公物、保护环境、遵纪守法,自觉维护公共秩序。

职业道德是指人们在职业生活中应遵循的基本道德,即一般社会道德在职业生活中的具体体现,是职业品德、职业纪律、专业胜任能力及职业责任等的总称,属于自律范围,它通过公约、守则等对职业生活中的某些方面加以规范。职业道德既是本行业人员在职业活动中的行为规范,又是行业对社会所负的道德责任和义务。"敬业"是社会主义核心价值观倡导的公民基本道德规范之一,也是对公民职业行为准则的价值评价。敬业是从业人员应该具备的一种崇高精神,是做到求真务实、优质服务、勤奋奉献的前提和基础。城市从业人员,不论什么行业、什么工种、什么岗位,都要安心工作、热爱工作、献身所从事的岗位,把自己远大的理想和追求落到工作实处,在平凡的工作岗位上做出非凡的贡献。新时期城市职业道德规范主要有以下的内容:忠于职守,乐于奉献;实事求是,不弄虚作假;依法行事,严守秘密;公正透明,服务社会。特别在市场经济领域务业的人们,一定要讲道德,讲公平正义,不搞假冒伪劣,不搞坑蒙拐骗,树立良好的经营风气,取信于广大市民。家庭美德属于家庭道德范畴,是指每个公民在家庭生活中应该遵循的基本行为准则。它涵盖了夫妻、长幼、邻里之间的关系,是体现现代城市精神文明建设最重要的"细胞"工程。俗话说,"家和万事兴"。家庭文明幸福,社会才能安定和谐。

家庭美德包括关于家庭的道德观念、道德规范和道德品质。家庭美德的

规范是调节家庭成员之间,即调节夫妻、父母同子女、兄弟姐妹、长辈与晚辈、邻里之间,调节家庭与国家、社会、集体之间的行为准则,它也是评价人们在恋爱、婚姻、家庭、邻里之间交往中的行为是非、善恶的标准。新时期城市精神文明建设在家庭生活中的表现,就是每个家庭成员都要履行自己的道德责任和道德义务,都要有奉献精神,都要为他人服务,一人有难,全家相助,形成一个相互关心、相互帮助的和睦家庭。每个成员都要关心家庭这个集体,共同治理好家庭,个人利益服从家庭的整体利益;同时要讲诚实守信,反对损害家庭利益和感情的思想行为。家庭美德还包括尊老爱幼,男女平等,邻里团结,和睦相处。总之,每个家庭成员都要加强社会主义道德修养,才能建立美满、和谐、幸福的家庭。

个人道德修养是精神文明建设的最核心的内容和最高要求。个人只有具备较高的道德修养和道德自律,才能把社会主义核心价值观的基本规范和要求内化于心,从而形成个体稳定的道德信念、道德意志和道德品质,并自觉外化于行动,使社会主义核心价值观真正落实在城市中的行为之中。只有每一个市民重视精神文明建设,提高了个人的思想道德水平,才能逐步提高家庭美德、职业道德和社会公德的水平。"诚信"和"友善"是社会主义核心价值观倡导的公民基本道德规范之一。诚信即诚实守信,是人类社会千百年传承下来的道德传统,也是社会主义道德建设的重点内容,它强调个人要诚实劳动、信守承诺、诚恳待人;友善强调公民之间应互相尊重、互相关心、互相帮助,和睦友好,努力形成社会主义的新型人际关系,这是新时期个人道德品质修养的客观要求和价值标准,每一个市民必须自觉履行。

3.加强精神文明建设,要把培养时代新人融入道德建设

习近平总书记2015年5月在北京大学的讲话中指出:"古人说:'大学之道,在明德,在亲民,在比于至善。'核心价值观,其实就是一种德,既是个人的德,也是一种大德,就是国家的德、社会的德。国无德不兴,人无德不立。如果一个民族、一个国家没有共同的核心价值观,莫衷一是,行无依归,那这个民族、这个国家就无法前进。"他又说:"我为什么要对青年讲讲社会主义核心价值观这个问题?是因为青年的价值取向决定了未来整个社会的价值取向,而青年又处在价值观形成和确立的时期,抓好这一时期的价值观养成十分重要。"广大青少年是践行和传播社会主义核心价值观的生力军。在校青少年的思想面貌、道德水平和文化科学素质如何,对国家和中华民族的未来的发展都有着深刻的影响。新时期加强城市教育战线的精神文明建设的过程,就是引导广大青少年培育和践行社会主义核心价值观的过程,也是他们励志

自强的过程、修养道德的过程,更是他们满怀理想信念实现自己人生价值的辉煌过程。立德树人、培养广大青少年成为建设中国特色社会主义的建设者和接班人是国民教育的根本任务。城市的大学、中学、小学是社会主义精神文明建设的主阵地,城市的在校学生占全国在校学生的大多数,各类学校的党政领导要把培育和践行社会主义核心价值观作为学校思想道德教育的主要任务,要组织广大师生认真学习、准确把握社会主义核心价值观的深刻内涵,自觉规范自身的思想行为。

4.加强精神文明建设,要把培养时代新人融入大力宣传劳动模范人物的事迹,培养学先进、赶先进、争当先进的浓厚氛围

首先,加强精神文明建设,要大力宣传劳动模范等先进人物的事迹,弘扬社会发展的正能量。习近平总书记指出,"要自觉践行社会主义核心价值观,发扬我国工人阶级的伟大品格,用先进思想、模范行动影响和带动全社会,不断为中国精神注入新能量,始终做弘扬中国精神的楷模"。我们党领导的革命战争、和平建设和改革开放各个历史时期,在实际劳动生产中涌现出来了一批品德高尚、业绩卓著、贡献突出的先进模范人物。这些劳动模范是我国各条战线的杰出代表,他们的辛勤劳动展现了中国工人阶级的优秀品格和时代风采,凝聚成为具有民族特色和时代特色的劳模精神,得到了党和政府与广大人民群众的高度赞扬和尊重。劳模精神是一种爱岗敬业、争创一流,艰苦奋斗、勇于创新,淡泊名利、甘于奉献的精神;是一种对职业、对社会、对国家的道德感、责任感和使命感。"劳模精神"是中国工人阶级在各个历史时期不断凝聚传承的宝贵精神财富,如在革命战争年代的"兵工事业开拓者"吴运铎,新中国成立之初闻名全国的"孟泰精神",社会主义建设时期的铁人王进喜的模范事迹,都体现了中国工人阶级为国争光、为民族争气的爱国主义精神,独立自主、自力更生的艰苦创业精神,胸怀全局、为国分忧的奉献精神;改革开放以来的徐虎、蒋筑英、李素、陈刚毅等模范人物都体现了解放思想、实事求是、紧跟时代勇于创新、无私奉献的时代精神,还有在雷锋、王杰、焦裕禄、"活雷锋"郭明义、全国道德模范吴天祥、徐本禹、黄来女、张莉等等,这些先进典型彰显着中华民族高尚的文明道德情操,激励着全国人民学习先进人物,传承劳模精神和社会主义精神文明建设先进典型的思想品德。

其次,传承劳模精神和社会主义精神文明建设先进典型的思想品德,就是要学习其核心价值,并落实于实处。党团组织可以在城市机关、学校、街道广泛开展"道德讲堂"活动,请劳动模范和先进人物进学校、进社区作先进事迹报告,运用现代媒体播放他们的先进事迹,还可以利用城市广告专栏、宣传

橱窗大力宣传劳动模范和道德模范、各行各业的先进工作者和身边的先进典型人物,从而在城市营造学先进、赶先进、争当先进的社会氛围,形成修身律己、崇德向善、奉献社会的道德价值风尚。

5.加强精神文明建设要把培养时代新人融入文化产品创作生产传播

要强化对精神文化产品创作生产传播的引领,推动广大文艺工作者身体力行践行核心价值观,坚持以人民为中心的创作导向,高扬爱国主义主旋律,唱响时代正气歌,把培养时代新人融入精神文化产品创作生产传播。

首先,文化属性在很大程度上说是意识形态属性,这种属性最主要是体现在精神文化产品生产对于意识形态资源的依赖。马克思深刻地揭示了精神生产的社会本质,"一个阶级是社会上占统治地位的物质力量,同时也是社会上占统治地位的精神力量。支配着物质生产资料的阶级,同时也支配着精神生产资料,因此,那些没有精神生产资料的人的思想,一般的是隶属于这个阶级的"。①文化艺术产品是思想意识的物质表达,必然带有一定的价值取向。文化产业的意识形态属性表明社会主义核心价值体系可以蕴含于文化产品之中,实现社会主义核心价值体系传播的隐蔽性和渗透性。隐蔽性和渗透性是当今世界传播社会核心价值观念的主要特点,由于文化产业往往以"中性"姿态出现,因而蕴涵其中的价值观并不能被受众轻易察觉,绝大多数社会成员就是从文化传播中寻找自己判断真善美和假丑恶的尺度,形成和选择自己的价值标准。因此要进一步加强对文化艺术产品的意识形态化,以正确引导广大青年树立和践行社会主义核心价值观。

其次,文化产业的经济属性表明,社会主义核心价值体系可以跟随文化产品实现更广的影响范围。文化产品和文化服务种类繁多,直接面向市场,市场能够以巨大的推动力量使包含一定价值意义的文化产品不断地被复制、被推广。各种文化产品和服务蕴含的价值意义以及体现这些意义的符号,会通过产业的延伸广泛地拓展到其他产业领域,从而成为传播社会主义核心价值体系的重要承载媒介。核心价值体系建设不仅是思想理论和宣传战线的事,也是文化事业和文化产业发展中的题中应有之义。②中共中央宣传部组织编写的《社会主义核心价值体系学习读本》中指出,必须"着眼于满足人们的精神文化需求,运用各类文化形式和文艺作品生动具体地表现社会主义核心价

---

①中共中央马克思恩格斯列宁斯大林著作编译局.《马克思恩格斯文集》第一卷《德意志意识形态》,人民出版社,2009年。

②中共中央宣传部组织编写的《社会主义核心价值体系学习读本》。

值体系,把积极的人生追求、高尚的情感境界、健康的生活情趣传递给人民,让人们在美的享受中受到鼓舞、得到陶冶、获得启迪"。这里提出社会主义核心价值体系传播要由思想教育到艺术熏陶和鉴赏的审美转换。从人类审美历史的发展来看,它经历了一个从与日常生活世界浑然一体到两者逐渐分离,乃至审美活动彻底脱离生活世界、走向纯粹自律的审美自觉并形成自立于生活世界之外的审美世界的过程。十九大报告提出新矛盾的重大论断,人民对美好生活的向往与不平衡不充分之间的矛盾已是社会的主要矛盾。人民群众的生活需求将发生重要变化,从吃饭、吃药逐步向吃文化的较高需求层次跃升,从求富、求知向求美、求乐的更高精神追求发展。这既是社会进步的表现,也蕴藏着文化产业发展的巨大机遇。抓住这一机遇,积极推进社会主义核心价值体系的大众传播,就抓住了价值观建设融入时代发展潮流,贴近实际、贴近生活、贴近群众的切入点,易于产生强烈的共鸣,取得显著的成效。